파이팅 기초농구마스터

일신서적출판사

BASKETBALL

BASKETBALL

BASKETBALL

BASKETBALL

이 책을 읽는 여러분께

　농구는 두뇌 플레이를 펼치는 스포츠 중에서도 최고라 할 수 있습니다. 그것은 이제 농구를 시작하려는 분이나 이미 농구를 즐기고 계신 분 모두 실감할 수 있으리라 생각합니다.
　여러분이 농구를 통해 얻을 수 있는 것은 크게 두 가지가 있습니다.
　먼저 연습을 할 때나 실제 경기에서 느낄 수 있는 감정이 그 하나입니다. 즐거움이나 슬픔, 감격, 후회 등 이 모든 감정은 여러분을 인간적으로 크게 성장시켜 줄 것입니다. 또 나아가 슬픔까지도 즐거움으로 바뀔 수 있는 것을 느끼게 될 것입니다.
　또 하나는 신체의 성장입니다. 자신도 모르는 사이에 스피드가 늘고, 자신도 모르는 사이에 점점 높이 뛸 수 있게 되고, 자신도 모르는 사이에 오랜 시간 달릴 수 있게 되는 등 신체적으로 크게 성장시켜 줄 것입니다.
　이 책은 여러분이 즐겁고 의욕적으로 농구를 할 수 있도록 도와주기 위한 목적으로 썼습니다. 하지만 읽고 배우는 것만으로는 의미가 없습니다. 자! 이제 시작하십시오. 직접 도전함으로써 이 모든 것을 얻을 수 있을 것입니다.

1987년　편자 씀

차례

머리말

PART 1 농구의 기초 지식   5
1. 1891년 미국에서 탄생 ‥6
2. 우리 나라 농구의 역사 ‥8
3. 자신의 의지로 움직일 수 있도록 하자 ‥10
4. 균형 잡힌 몸을 만들자 ‥12
5. 부상이나 병의 치료는 정확히 하자 ‥14

PART 2 기본 연습   17
1. 먼저 볼의 중심을 파악하자 ‥18
2. 팬 드릴의 여러 가지 방법 ‥20
3. 복근력과 배근력을 기르자 ‥22
4. 뛰어난 균형 감각과 강한 다리힘을 기르자 ‥24
5. 공중을 날고 있는 느낌을 파악하자 ‥26
6. 축이 되는 발은 안쪽 엄지의 뿌리를 축으로 한다 ‥30
7. 대에 발을 얹고 체중 이동의 느낌을 파악한다 ‥32

PART 3 농구의 기초 기술   35
1. 슛은 농구의 최고 기술이다 ‥36
2. 정확한 슛은 정확한 자세에서 나온다 ‥38
3. 끝까지 골에서 눈을 떼지 않는다 ‥42
4. 점프 슛은 점프의 최고점 직전에 한다 ‥44
5. 골에 접근하면서 하는 레이업 슛 ‥48
6. 볼의 꿰맨 줄에 손가락을 대고 기다린다 ‥52
7. 드리블은 볼을 손가락으로 집어 내는 느낌으로 한다 ‥54
8. 상대방-자신-볼의 위치 관계를 유지한다 ‥56
9. 방향전환을 할 수 있으면 드리블은 완성이다 ‥58
10. 몸 뒤로 볼을 보낸다 ‥60
11. 축이 되는 발을 중심으로 볼과 몸을 회전시킨다 ‥62

12. 손가락을 벌리고 손바닥을 볼에 향한다 ··64
13. 볼을 한 손에 대고 다른 한 손으로 누른다 ··66
14. 볼의 속도나 거리를 빨리 판단한다 ··68
15. 먼저 체스트 패스부터 시작하자 ··70
16. 오버헤드 패스의 두 가지 방법 ··72
17. 수비의 기본선을 뚫는 사이드핸드 패스 ··76
18. 오버헤드의 훅 패스를 연습한다 ··78
19. 볼을 빼앗을 결의로 플레이에 참가한다 ··82
20. 볼이 떨어지는 곳에서의 공방 ··84

PART 4 페이크   87

1. 페이크는 개인 공격의 기본이다 ··88
2. 수비측이 포인트를 알 수 없게 한다 ··92
3. 볼을 받으면 270도 프런트 턴한다 ··94
4. 볼과 발의 내미는 방향을 반대로 한다 ··98
5. 슛과 빠지는 자세를 동시에 한다 ··102
6. 몸의 이동과 반대방향으로 드리블한다 ··104
7. 발의 움직임으로 수비수를 속인다 ··106

PART 5 디펜스   109

1. 능률적인 발의 움직임이 기본이 된다 ··110
2. 프런트 슬라이드 스텝으로 공격수에 접근한다 ··114
3. 수비는 항상 공격을 생각하면서 한다 ··117
4. 양손을 몸에 평행으로 하여 상대방 패스를 막는다 ··120
5. 상대의 볼을 빼앗기 위한 기회를 노리자 ··122
6. 상대방의 움직임을 그치게 하기 위한 체크를 한다 ··124
7. 좋은 수비는 좋은 위치에서 생긴다 ··126
8. 오픈 스탠스와 클로즈드 스탠스 ··130
9. 동료와의 의사 소통은 구체적으로 하자 ··132
10. 자기의 몸으로 벽을 만드는 스크린 아웃을 해본다 ··134

BASKET BALL

PART 6 팀 플레이 137
1. 1대 0을 목표로 아웃 넘버의 연습을 한다 ··138
2. 아웃 넘버의 기본은 2대 1이다 ··140
3. 노 마크인 자기편에게 바운드 패스를 한다 ··142
4. 속공에 많이 사용되는 3대 2 ··146
5. 볼은 미들 라인 쪽으로 운반한다 ··148
6. 패스 후의 움직임이 득점 기회를 만들어 준다 ··150
7. 상대방에게 깊이 있는 자세를 보인다 ··152
8. 존 모션으로 시간을 번다 ··154
9. 볼을 패스한 후의 움직임에는 네 가지가 있다 ··156
10. 패스하면서 달려가 컷인한다 ··158
11. 노 마크의 상태를 만드는 스크린 플레이 ··160
12. 상대 선수를 이용하여 노 마크의 상태를 만든다 ··162
13. 볼을 주고 받을 때는 반드시 피치 업으로 한다 ··164

PART 7 포메이션과 룰 167
1. 포지션을 정하여 코트를 넓게 사용하자 ··168
2. 5명이 움직이도록 조직된 플레이가 이상적이다 ··170
3. 약속된 팀 플레이를 해보자 ··172
4. 연속적인 공격을 위한 움직임 ··174
5. 빠르게 플레이할 수 있도록 연습하자 ··176
6. 의외로 활용할 곳이 많다 ··178
7. 밖으로부터 패스할 때의 대응방법 ··180
8. 당연한 플레이를 확실히 하자 ··182
9. 서로의 실수를 메워 주며 활기차게 플레이하자 ··184
10. 점프하면 볼을 가진 채 착지 할 수 없다 ··186

부록 193
- 경기 규칙 ··194
- 코트 각 부분의 명칭 ··208
- 심판의 동작 ··210
- 용어 해설 ··214

농구의 기초 지식

1. 1891년 미국에서 탄생./6
2. 우리 나라 농구의 역사./8
3. 자신의 의지로 움직일 수 있도록 하자./10
4. 균형 잡힌 몸을 만들자./12
5. 부상이나 병의 치료는 정확히 하자./14

BASKET BALL
농구의 기초 지식

1. 1891년 미국에서 탄생.

 전세계에서 남자, 여자가 같은 조건으로 할 수 있고 가장 많은 사람들이 참가하고 있는 경기가 농구입니다.
 농구는 미국 매사추세츠 주의 스프링 필드에 있는 YMCA 트레이닝 센터의 귤릭이라는 사람이 YMCA 체육학교 선생인 J.A. 네이스미스에게 명하여 만든 것으로 처음에는 겨울철의 실내운동을 위한 것이었습니다.
 사람이 생각해 낸 스포츠 중에서도 최고의 걸작이라고 일컬어지는 농구는, 그동안 체조만하고 있던 그 당시의 학생들에게 대환영을 받았습니다.
 최초의 농구 경기는 네이스미스가 18인의 학생을 9명 대 9명의 2팀으로 나누어 게임을 시킨 것입니다. 초기에는 축구공을 사용하였고, 골은 복숭아 바구니 2개를 체육관 양쪽의 발코니에 붙여서 하였으며, 룰에 대해서는 난폭성을 배제하도록 하였습니다.
 그 경기가 벌어졌던 날은 1891년 12월 21일로 이 날을 농구 탄생일로 기념하고 있습니다.
 농구 경기는 제11회 베를린 올림픽 대회부터 정식 경기 종목으로 채택되었으며, 여자 농구가 정식 종목으로 채택된 것은 76년 몬트리올 올림픽 대회에서였습니다. 국제농구기구는 89년 현재 169개국이 회원으로 있는 국제아마추어농구연맹(Federation International Basketball Amateur : FIBA)이 제네바에 설립되어 한국은 48년에 가입하였고, 이병희(李秉禧) 대한농구협회 고문이 84~88년 FIBA의 부회장을 지내기도 하였습니다.

◀ 창안자 네이스미스.
   손에 당시 사용하였던 볼과 바스켓을 들고 있다.

▲ 초창기의 농구 경기 모습

BASKET BALL
농구의 기초 지식

2. 우리 나라 농구의 역사.

한국에서의 농구는 1907년 봄 황성기독청년회(YMCA)의 초대 총무였던 미국인 선교사 질레트(Gilette)에 의해 처음으로 소개되었고 본격적인 보급은 1916년 역시 미국인인 밴허트에 의해서였습니다.

그 후 많은 소규모의 경기가 있었지만 1925년 9월 18일부터 3일간 지금의 경기 여고 코트에서 열린 제1회 전조선 농구 대회가 국내 공식 대회로 되어 있고 이것이 한국 최초의 농구 대회로 여겨지고 있습니다. 세계 대회에는 농구가 정식 종목으로 채택된 제11회 베를린 올림픽 대회에 장이진, 이성구, 염은현 세 선수가 당신 우리 나라가 처한 상황에 의해 전일본 대표로 참가한 것을 최초로, 8·15광복 후 1948년 런던에서 개최된 제14회 런던 올림픽 대회에는 처음으로 태극기를 앞세우고 참가하여 8위를 차지하는 감격을 누리기에 이르렀습니다.

여자 농구

여자 농구는 1967년 체코슬로바키아 프라하에서 거행된 제5회 세계 여자 농구 선수권 대회에서 당당히 준우승을 차지함으로써 전성기를 맞이하게 되었습니다. 이 대회에서 박신자 선수는 최우수 선수로 선발되기도 했습니다.

1964년에는 한국이 주축이 되어 아시아 여자 농구 선수권 대회가 창설되어 1965년 제1회 대회가 서울에서 개최되었고, 1992년까지 14번의 대회 동안 9회에 걸친 우승과 5회의 준우승을 따냈습니다. 53년부터는 세계 여자 농구 선수권 대회가 창설돼 4년 간격으로 개최되었는데, 1979년 서울에서 열린 제8회 대회에서 한국은 준우승을 차지했고, 이 여세를 몰아 1984년 LA 올림픽에서 은메달을 거머쥐는 위업을 달성했습니다.

남자 농구

50년대 후반 이후 여자 농구의 그늘에 가려있던 남자 농구는 1960년 아시아농구연맹(ABC)이 창설되면서 아시아의 각종 국제 대회에 참가하기 시작했습니다. 이때부터 아시아에서는 서서히 농구 강국으로서의 위치를 다져가게 되었습니다.

그 후 한국 남자팀은 도쿄에서 개최된 제5회 아시아 농구 선수권 대회에서 한국의 농구 역사 60년 만에 처음으로 아시아의 왕좌에 오르는 성과를 보였고 유고슬라비아에서 개최된 제6회 세계 선수권 대회에 아시아 대표로 출전하기도 했으며, 82년 11월 뉴델리에서 열린 제9회 아시안 게임에서는 숙적 중국을 누르고 우승을 하였습니다.

그리고 여자 농구에 앞서 프로 농구 대회를 개막하는 등 발전을 거듭하고 있습니다.

여러분도 세계 대회나 각종 대회에 나가 당당히 우승할 수 있도록 실력을 키워 나가길 바랍니다.

3. 자신의 의지로 움직일 수 있도록 하자.

공이 있으면 누구라도 공을 잡아서 슛하고 싶어지는 것이 인간의 자연스런 감정입니다. 스포츠는 이 자연스러운 마음에서 한 걸음 더 나아가 의욕적으로 행하려는 마음가짐입니다. 다만 단순히 행동하지 않고 그것에 자기의 의지를 확실히 투영시켜야 합니다.

그러면 이러한 의지를 담아서 행한 플레이도 실패하는 경우가 많은 것은 무슨 이유일까요?

대부분의 경우 기술에 그 원인이 있는 것으로 생각하기 쉽지만 실은 체력에 의한 것이 많습니다.

그리고 체력이란 것을 더욱 분석해서 생각해 보면 체력 그 자체에 원인이 있는 것이 아니라 체력을 잘 컨트롤할 수 있는 조정력에 그 원인이 있다는 것을 알게 될 것입니다.

조정력에는 비전(시야), 스탠스(자세), 스피드(속도), 액션(동작)이 있는데, 좋은 비전이란 합목적적으로 신체를 움직이기 위한 넓은 시야를 가리키는 것이며, 좋은 스탠스란 다음에 일어나리라고 예측되는 가능성 높은 플레이에 대해 재빨리 준비 자세를 취하는 것입니다.

또 좋은 스피드란 그 플레이에 가장 알맞는 속도를 말하는 것이며, 좋은 액션이란 효과적인 전신의 움직임을 가리키는 것으로 특히 좋은 풋워크가 요구됩니다.

그러나 여러 가지 조건 중에서도 체력 그 자체가 없으면 아무리 굳은 의지를 가지고 있다고 하더라도, 또 어떠한 훌륭한 조정력을 가지고 있다고 하더라도 전혀 의미가 없다는 것을 알게 될 것입니다.

● 신체 조정력

◀ 비전
넓은 시야를 갖는 것이 중요하다.

▲ 스피드, 액션
빠른 것뿐만 아니라, 불필요한 동작이 없는 것이 중요하다.

◀ 스탠스
다음에 일어날 플레이에 대해 재빨리 준비자세를 취한다.

4. 균형 잡힌 몸을 만들자.

좋은 몸이란 어떤 몸을 가리키는 것일까요? 그것은 균형 잡힌 몸을 가리키는 것입니다.

균형 잡힌 몸을 만드는 데는 두 가지 방법이 있습니다.

첫 번째는 몸에 좋다고 하는 것을 적당하게 섭취하는 것입니다. 단백질, 탄수화물, 지방질을 중심으로 하여 비타민, 무기질, 섬유질을 정도껏 섭취하는 것이 좋습니다. 두 번째는 몸에 나쁜 것을 철저히 배제하여 섭취하지 않는 것입니다. 물론 가장 기본적인 것이지만 문제는 별다른 생각없이 몸에 나쁜 것을 섭취하는 것입니다.

그 첫 번째는 식사 전에 청량음료를 너무 많이 먹는 것입니다. 이것은 식욕을 억제하고 스태미나를 잃게 되는 원인이 됩니다. 두 번째는 담배를 피우는 것입니다. 최근에 폭발적으로 중·고생 사이에 퍼져 가고 있는 이 나쁜 버릇은 어른이 빨리 되고픈 생각에서 비롯된 것이지만 이러한 생각 자체가 어리석은 생각입니다. 흡연을 했을 때의 나쁜 점은 자신도 모르는 사이에 습관화된다는 것으로 이러한 습관화가 점차적으로 머리를 나쁘게 하고 또 스포츠맨에게 있어서 제일 큰 적인 스태미나 상실을 조장하게 됩니다.

흡연으로 뇌의 움직임이 저하되는 것은 특히 일산화탄소의 영향에 의한 것입니다. 1개의 담배 안에 들어 있는 일산화탄소의 함유량은 약 40,000 ppm으로, 담배의 경우에는 일산화탄소의 농도가 높아도 발생량이 낮으므로 중독사하지 않는 것뿐입니다.

또 일산화탄소가 헤모글로빈과 결합하게 되면 좀처럼 떨어지지 않으므로 혈액의 약 1할 정도의 산소 운반 능력이 상실됩니다. 이 때문에 스태미나가 떨어지는 것은 자명한 것입니다.

● 흡연은 스포츠맨에게 가장 큰 적이다.

▲ 흡연은 머리를 나쁘게 하고 스태미나를 저하시킨다.

Part 1   BASKET BALL
농구의 기초 지식

5. 부상이나 병의 치료는 정확히 하자.

   효과적인 운동을 하고, 영양이 있는 음식물을 균형있게 섭취하면, 좋은 몸을 만들 수 있는 기초가 됩니다. 그러나 보다 잘 발달시키기 위해서는 지속적인 연습과 보다 엄격한 운동을 하여야 합니다.

   그리고 가장 중요한 것은 항상 몸의 상태를 좋게 유지하는 것입니다. 바꾸어 말하면 격심한 운동에 대비하여 몸이 반응할 수 있는 상태를 항상 유지하는 것입니다. 그러기 위해서는 병에 걸리지 않도록 하는 것과 부상을 당하지 않도록 하는 것, 이 두 가지가 필요합니다.

   병에 걸리지 않기 위해서는 몸 속으로 병균이 들어오지 않도록 주의하고, 오염된 공기를 호흡하지 않도록 해야 합니다. 병균은 보이지 않지만 손을 깨끗이 씻거나 양치질을 함으로써 어느 정도 막을 수 있습니다. 공기는 자동차의 배기 가스나 공장에서 나오는 연기 등으로 오염되는데, 될 수 있는 한 그러한 장소에 가지 않도록 합니다.

▲ 외출에서 돌아오면 반드시 손을 씻고, 양치질을 하는 습관을 기르자.

 가장 문제가 되는 것은 부상입니다. 사회가 발전하면서 옛날에는 상상도 못했던 위험이 많이 있습니다. 그러나 부상의 대부분은 자신의 책임입니다. 왜냐하면 부상은 어느 정도 예방할 수 있기 때문입니다. 예를 들면, 도로를 걸을 때의 주의 사항 등은 초등학교에 입학하기 전부터 여러 사람으로부터 교육을 받았을 것입니다. 부상에 대해서는 너무 지나치다 싶을 정도가 되어도 괜찮다고 생각합니다.

 농구를 시작해서 최초로 경험하는 부상은 손톱이 빠지거나 손가락을 삐는 것입니다. 또 발목을 삐는 일도 많이 생깁니다. 문제는 그것을 빨리 그리고 정확히 치료해야지 결코 방치해서는 안 된다는 것입니다. 장래를 위하여 후유증이 남지 않도록 즉시 치료하십시오.

▲ 일류 선수의 플레이를 경기장이나 TV에서 보는 것도 커다란 공부 중의 하나다.

2

기본 연습

1. 먼저 볼의 중심을 파악하자./18
2. 팬 드릴의 여러 가지 방법./20
3. 복근력과 배근력을 기르자./22
4. 뛰어난 균형 감각과 강한 다리힘을 기르자./24
5. 공중을 날고 있는 느낌을 파악하자./26
6. 축이 되는 발은 안쪽 엄지의 뿌리를 축으로 한다./30
7. 대에 발을 얹고 체중 이동의 느낌을 파악한다./32

Part 2

BASKET BALL

기본 연습

1. 먼저 볼의 중심을 파악하자.

이번에는 팬 드릴에 대하여 설명하겠습니다. 팬이란 놀이를 말하고 드릴은 연습을 의미하므로, 놀면서 연습하여 몸의 움직임이나 볼의 컨트롤이 잘 되도록 하는 것이라고 이해하는 것이 알기 쉬우리라 생각됩니다.

이것은 농구에 필요한 슛과 드리블, 패스 등 여러 가지 기술을 더욱 향상시키는 데 기초가 되는 연습이라고 할 수 있습니다.

농구공은 구기 종목 중에서 가장 큰 볼입니다. 이런 큰 볼을 자유롭게 다루려면 손가락과 볼과의 감각을 파악하여야 하는데, 그렇게 하기 위해서 먼저 볼의 중심을 알아야 합니다.

▲ 처음에는 돌리지 않고 손가락 끝에 얹어 본다. 그 다음 돌릴 때에는 볼을 밀어 올리면서 손가락 끝으로 가져간다.

▲ 다리 사이로 돌릴 때에는 반드시 체중을 이동시킨다. 눈은 똑바로 앞을 보고 볼을 보지 않도록 하자.

▶ 몸 주위를 돌릴 때 허리의 움직임은 볼과 반대가 되도록 한다.

   볼을 자주 펌블(놓치는 것)하는 사람은 볼 잡는 힘을 길러야 한다고 생각하는 것은 잘못입니다. 볼의 중심을 아는 것부터 시작하십시오.
   처음에는 볼을 손가락 끝으로 돌리는 연습을 합니다. 볼을 손가락 끝에 비틀어 올리도록 하여 돌립니다. 다음에 볼을 몸 주위로 돌리는 연습을 합니다. 한 손으로 볼을 잡고 팔을 돌리면서 천천히 돌립니다. 이때 손가락과 손목으로 볼을 끼워서는 안 됩니다. 또 도중에 갑자기 속도를 올려서도 안 됩니다.
   목이나 허리 둘레, 다리 사이로 자유롭게 볼을 돌릴 수 있어야 합니다. 특히 다리 사이로 돌릴 때에는 시선에 주의하여 결코 바닥이나 볼을 보아서는 안 됩니다. 가능하면 둘이서 마주 보면서 하는 것이 좋습니다.

Part 2 BASKET BALL
기본 연습

2. 팬 드릴의 여러 가지 방법.

볼과 몸을 자유롭게 컨트롤하기 위한 팬 드릴에는 여러 가지 운동이 있습니다. 첫 번째로 볼 던져 올려 손뼉치기입니다. 볼을 1m 정도 던져 올리고, 몸의 앞에서 손뼉을 칩니다. 그리고 떨어져 내려오는 볼을 받아 다시 던져 올리고 뒤에서 손뼉을 칩니다. 다음에는 한 발을 올리고 그 아래에서 손뼉을 칩니다. 이렇게 던져 올리기와 손뼉치기를 되풀이해 보십시오.

두 번째는 양발을 나란히 벌리고 가랑이의 아래에서 볼을 잡고, 무릎의 굴신(굽힘과 폄)을 이용하여 볼을 손을 바꾸어 잡는 것입니다. 처음에 왼손을 앞, 오른손을 뒤로 하여 무릎을 펴는 순간에 볼을 놓고, 다시 무릎을 굽히면서 오른손을 앞 왼손을 뒤로 빨리 바꾸어 볼이 바닥에 떨어지기 전에 잡습니다.

세 번째는 발을 앞뒤로 벌리고, 가랑이 아래에서 볼을 잡습니다. 앞에서와 똑같이 무릎의 굴신을 이용하여 무릎을 펴는 순간에 볼을 놓고 앞발의 앞에서 손뼉을 친 후 무릎을 굽히면서 볼이 떨어지기 전에 재빨리 잡습니다. 상당히 빨리하지 않으면 안 되고 어깨나 손에 너무 힘을 넣어도 몸 전체가 굳어져서 실패하므로 힘을 빼고 해야 합니다.

어느 운동에서나 명선수를 잘 보면 몸의 힘 조절이 아주 능숙함을 알 수 있을 것입니다. 그들은 필요할 때에 힘을 집중시키고 힘을 빼면서 적절하게 경기를 풀어 나갑니다. 이렇게 힘을 빼는 것과 힘을 넣는 것을 계속하는 것도 연습의 하나입니다.

다음 연습으로 양발을 가지런히 모아서 볼을 양발의 뒤에서 잡고 똑같이 무릎의 굴신을 이용하여 볼에서 손을 떼고 양발 앞에서 손뼉을 칩니다. 그리고 역시 볼이 떨어지기 전에 재빨리 잡

볼을 양발의 뒤에서 잡고 무릎을 펴는 순간 몸의 앞에서 손뼉을 치고 재빨리 뒤로 돌려서 볼을 잡는다.

습니다.
 이렇게 볼을 부드럽게 다루면서 몸을 재빨리 움직이는 운동은 농구에서는 아주 중요한 요소입니다.
 운동회에서 보면 출발 직전에 몸이 굳어져서 다른 사람보다 늦게 출발하는 사람을 흔히 볼 수 있습니다. 이것은 마음의 긴장에서 오는 것이므로 마음을 편하게 가지면 해결됩니다. 보통은 손목, 팔꿈치, 어깨 등 관절의 힘을 빼면 몸이 굳어지는 것을 방지할 수 있습니다.

Part 2 BASKET BALL
기본 연습

3. 복근력과 배근력을 기르자.

팬 드릴의 요소를 다양하게 응용함으로써 복근력과 배근력을 높이도록 합시다. 가능하면 메디신 볼(직경 30센티미터, 무게 2~3킬로그램)이라는 보통의 볼보다 무거운 볼을 사용하는 것이 효과적입니다.

우선 1열로 나란히 다리를 벌리고 앉습니다. 제일 앞에 있는 사람부터 머리 위로 볼을 건네도록 합니다. 마지막에 있는 사람까지 볼을 다 건넸다면 그 다음에는 전원이 발을 벌리고 서서 발 사이로 볼을 굴립니다. 똑같은 방법으로 마지막에 있는 사람이 발 사이에 볼을 넣고 펄쩍펄쩍 뛰면서 앞으로 나간 후 볼을 뒤로 보내는 방법도 있습니다. 또 1열로 나란히 서서 제일 앞에 있는 사람이 자신의 머리 너머로 다음 사람에게 볼을 보내고 다음 사람은 다시 그 다음 사람에게 머리 너머로 볼을 보냅니다. 이러한 동작을 반복하는 방법도 있습니다.

다음은 2열로 엇갈리게 뒤쪽으로 위를 보고 눕습니다. 그리고 열의 제일 앞에 있는 사람이 서서 볼을 굴립니다. 이때 누워 있는 사람은 다리를 45도로 올립니다. 앉아서 볼을 받았던 사람은 열의 앞까지 달려가서 또 볼을 굴립니다. 그 동안 누워 있는 사람은 발을 내리지 않도록 합니다.

청소년은 복근력과 배근력의 발달이 늦어지기 쉬운 시기이므로, 이 근력을 키우기 위한 다양한 운동을 해야 합니다.

뒤로 누워서 30도 정도 발을 올리고 1분 정도 그대로 있던가, 머리 뒤로 손을 모아서 상반신을 일으키는 동작(윗몸 일으키기)을 반복하는 것으로 복근력을 키우도록 합니다. 상체를 일으킬 때는 무릎을 조금 구부립니다. 이때 무릎을 구부리지 않으면 허

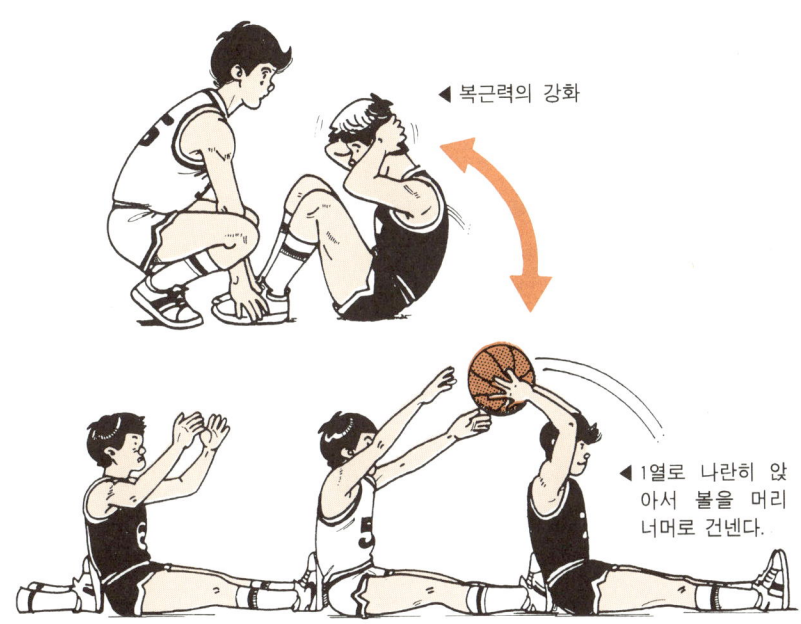

◀ 복근력의 강화

◀ 1열로 나란히 앉아서 볼을 머리 너머로 건넨다.

리가 아프게 됩니다.

 또 엎드려서 누운 후 머리 뒤로 손을 깍지 끼고, 상반신을 뒤로 젖혀서 1분 정도 가만히 있는 동작을 반복하면 배근력을 기를 수 있습니다.

 배근력 강화 운동을 행할 경우 곧잘 누가 빨리하는가 경쟁하는 경우가 있으나 이것은 몸에 해가 되기만 할 뿐 효과는 그다지 없습니다. 천천히 그리고 정확하게 동작을 하는 것이 가장 효과적입니다.

Part 2   BASKET BALL
기본 연습

4. 뛰어난 균형 감각과 강한 다리힘을 기르자.

　이제부터 플레이로 들어갑시다. 농구의 기술은 여러 가지로 나눌 수 있습니다. 여기서는 하나 하나의 명칭을 들면서 설명합니다.
　처음에 스톱(정지)입니다. 경기는 시합 중 거의 달리면서 하지만, 뭔가 중요한 플레이를 할 때에는 스톱이 필요하게 됩니다.
　재빨리 스타트하는 것과 갑자기 스톱하는 것이 중요하게 되는 것입니다. 특히, 갑자기 정지하기 위해서는 좋은 균형 감각과 강한 다리힘이 필요합니다.
　여기서 발과 운동화에 대한 설명이 필요한데 운동화는 복사뼈까지 덮이는 농구화를 신고 두꺼운 양말을 착용해야 하며 발톱을 자주 깎아야 합니다.
　그러면, 이제 스톱의 연습으로 들어갑니다. 스톱에는 볼을 잡고 하는 것과 볼을 잡지 않고 하는 것의 두 종류가 있습니다. 볼을 잡지 않고 하는 경우의 대부분은 그 스톱으로부터의 변화가 중요한데, 여기서는 거기에 대해서는 설명하지 않고 스톱만을 연습합니다. 먼저 볼을 잡고 하는 스톱을 설명하겠습니다. 그림 1의 스톱을 점프 스톱이라고 합니다. 뛰어오를 때에는 한 발이든 두 발이든 상관없으나 착지할 때에

▲ 머리나 손을 밟지 않도록 주의한다.

는 두 발이 동시에 착지해야 합니다.

　그림 2는 스트라이드 스톱이라고 하는데, 이 스톱에서는 한 발씩 착지합니다. 이때 한 발씩 정지한다고 하기보다는 리드미컬하게 정지하도록 합니다. 이 밖에 원풋 스톱이라는 것이 있습니다. 여기에는 완전히 한 발로 멈춰서는 경우와 스트라이드 스톱에서 제일 먼저 착지했던 발을 제1보로 하여 천천히 스톱하는 경우, 제2보를 진행 방향의 90도 이상되는 장소에 내딛는 경우 등이 있습니다.

Part 2 기본 연습

BASKET BALL

5. 공중을 날고 있는 느낌을 파악하자.

 스톱할 때에는 어떤 자세가 좋을까요. 먼저, 상반신을 너무 앞으로 굽혀서는 안 됩니다. 양발 사이의 간격을 넓게 잡고 무릎을 굽히는데, 스톱의 강약에 따라 엉덩이 위치를 조절하는 데 주의합시다. 특히 강하게 스톱하는 경우에는 뒤꿈치와 엉덩이가 붙도록 하면 잘 됩니다.

 또 스톱을 보다 정확하게 하기 위해서는 공중을 날고 있는 느낌을 몸에 익히는 것이 중요합니다. 그러기 위해서 다음과 같은 연습을 합시다. 바닥에 선을 긋고 그 선을 뛰어넘으면서 스톱하여 뜀틀 위로 뛰어올라가고 다시 뛰어내려 스톱을 하는 동작으로 공중 감각을 기릅니다.

 다음에 실제로 볼을 받아서 하는 연습을 합니다. 이때 주로 실

뜀틀을 이용하여 공중 감각을 몸에 익히자.

▲ 확실히 바닥을 밟는다. 몸을 비틀면서 하는 방법도 있다.

패하게 되는 이유는 볼이 정확히 패스되지 않기 때문이므로 주의합시다. 특히 초보자에게 강한 패스는 위험하므로 처음에는 천천히 패스하도록 합니다.

  먼저 볼을 잡고 있지 않을 때와 똑같이 선을 뛰어넘어 스톱합니다. 패스하는 사람은 상대방이 선을 뛰어넘은 순간에 볼을 받을 수 있도록 패스합니다. 다음에는 뜀틀 뛰어넘기를 복합하여, 뜀틀을 뛰어넘고 볼을 받아서 스톱하도록 합니다. 이때에는 패스하는 사람과 받는 사람의 타이밍이 가장 중요합니다. 이것이 잘 되면 볼을 가진 사람이 드러누워 볼을 배 위쪽에서 발쪽으로 던져올려주고 볼을 받는 사람이 옆에서 뛰어넘으면서 그것을 받아 스톱하는 연습을 합니다.

BASKET BALL

기본 연습

▲ 누워있는 사람은 패스할 때에 자기 얼굴 위가 아니라 발 위로 패스한다.

　혼자서 하는 방법으로는 볼을 던져올리거나 앞쪽으로 바운드 시킨 후 달려가서 스톱하는 것이 있습니다. 그리고 몸 앞에서 두 발 사이로 바운드시켜 등 쪽으로 올라간 볼을 뒤돌아 서서 잡아 스톱하는 방법도 있습니다. 이것을 할 수 있으면 스톱 기술이 숙달되었다고 할 수 있습니다.

　점프 스톱과 스트라이드 스톱을 할 때 눈과 볼의 위치도 알아야 합니다. 눈은 앞쪽, 볼은 가슴 앞에서 팔꿈치를 좌우로 벌려 잡는 것이 보통입니다.

　특히, 스트라이드 스톱일 때는 그냥 단순히 앞을 향하여 정지하는 것이 아니라, 자기의 등 쪽에 수비하는 사람을 의식하여 눈을 뒤로 돌려서 팔꿈치를 벌리고 볼을 단단히 지켜야 합니다.

● **혼자하는 점프 스톱 연습**

양발 사이로 바운드시킨 후 뒤돌아서 그 볼을 잡는다.

①

②

③

④ 눈은 앞쪽을 향한다.

⑤ 볼을 가슴 앞에서 잡고 팔꿈치를 좌우로 벌린다.

BASKET BALL

기본 연습

6. 축이 되는 발은 안쪽 엄지의 뿌리를 축으로 한다.

피벗(pivot)이란 한쪽 발을 축으로 하여 바닥에서 떨어지지 않도록 하고 다른 발을 임의의 장소로 내딛는 것을 말합니다.

농구에서는 슛하는 기술을 제일로 취급하지만 여기서는 왜 피벗을 중요시하는 것일까요?

그것은 두 가지의 중요한 의미가 있기 때문입니다. 하나는 공격시에 볼 키핑력에 관계되는 것이고, 또 한 가지는 슛할 때의 축이 되는 발과의 관계입니다.

공격측은 득점을 하려고 하고 수비측은 그것을 저지하려고 하는 정반대의 상황이 펼쳐지는 코트 위에서 공격측은 득점하는 것과 볼을 슛할 때까지 상대방으로부터 지키는 것이 가장 중요

축이 되는 발을 중심으로 하여 여러 방향으로 내딛는다.

한 것이 됩니다. 안심하고 볼을 지킬 수 있다는 침착한 마음이 슛의 성공률을 향상시키는 바탕이 됩니다.

한편, 현대의 슈팅은 거의가 원 핸드 슈팅을 사용하고 있습니다. 이 슛에서 중요한 것은 신경이 X자로 지배한다는 것으로 즉, 왼쪽 발이 축이 되면 오른손으로 슛하게 됩니다.

초보자는 피벗이 서툴러 볼을 잡고 아래를 향해 머리를 흔드는 동작으로 끝나곤 합니다. 조금 숙달되면 발을 벌린 채 볼만 가지고 이리저리 흔들게 되고, 조금 더

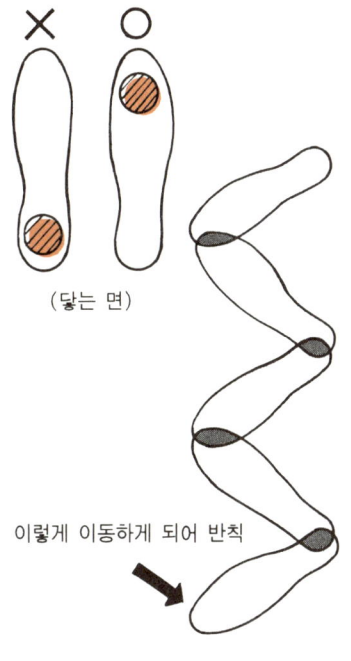

발전하게 되면 발과 볼을 자기가 원하는 방향으로 자유롭게 흔들며 게임을 할 수 있게 되어 자기가 생각한 대로 발과 볼을 내밀 수 있게 됩니다. 이러한 의미에서 보더라도 키핑력의 기본이 되는 피벗은 다른 것에 우선하여 연습해야 할 필요가 있습니다.

축이 되는 발과 바닥과의 접점은 한번 결정되면 변할 수 없습니다. 그리고 이때 축은 발바닥에서 엄지의 뿌리가 되는 것이 좋습니다. 만약 일단 뒤꿈치로 선 다음에 발가락으로 다시 바꿔 서면 바닥과의 접점을 바꾸었다고 해서 트레블링이라는 반칙을 하게 됩니다.

Part 2 기본 연습

7. 대에 발을 얹고 체중 이동의 느낌을 파악한다.

피벗을 하기 위해서는 축이 되는 발이 중요합니다. 축이 되는 발의 느낌을 파악하려면 탁자와 같은 대 위에 발을 얹고 턴하는 연습을 하는 것이 가장 좋다고 생각합니다. 그 이유는 체중 이동의 감각을 잘 파악할 수 있는 것과 축이 되는 발의 어긋남을 의식할 수 있기 때문입니다. 친구를 대로 하여 해보면 그 감각을 잘 알 수 있습니다. 그것은 축이 되는 발 바로 아래에 친구가 있기 때문에 힘을 강하게 줄 수가 없기 때문입니다.

피벗 턴에는 전방 회전의 프런트 턴과 후방 회전의 백 턴이 있는데, 다음 사항에 주의해야 합니다.

첫째로, 무릎을 가능한 한 깊이 굽혀 허리를 낮추고 축이 되는 발 엄지발가락의 뿌리로 단단히 바닥을 누릅니다. 컴퍼스처럼 무릎이 곧게 뻗어서는 안 됩니다.

둘째로, 볼을 내밀고 당길 때 팔 동작을 크게 하는 것입니다.

대 위에 축이 되는 발을 얹고 피벗 턴으로 연습을 한다.

▲ 볼을 커버하면서 백 턴으로 90도, 프런트 턴으로 180도의 순서

볼을 내밀 때에는 피벗한 발의 연장선 방향으로, 당길 때에는 팔꿈치로 커버하면서 가슴 아래에 볼을 유지합니다.

  셋째로, 특히 공격적인 피벗을 할 때 90도 간격으로 하면서 180도, 270도를 섞으면 더욱 좋은 피벗 턴이 됩니다.

  피벗을 하는 것은 상대방으로부터 볼을 지키는 경우와 공격하면서 하는 경우의 두 가지가 있습니다. 드릴로서는 일정 시간 동안 피벗없이 볼을 가지고 있는 것과 피벗 키프로부터 휘슬 신호에 의한 1대1 돌파 등이 있습니다.

  근래에 들어와 생활 환경이 변화되면서 맨발로 놀거나 슬리퍼

Part 2 BASKET BALL
기본 연습

● 피벗 턴

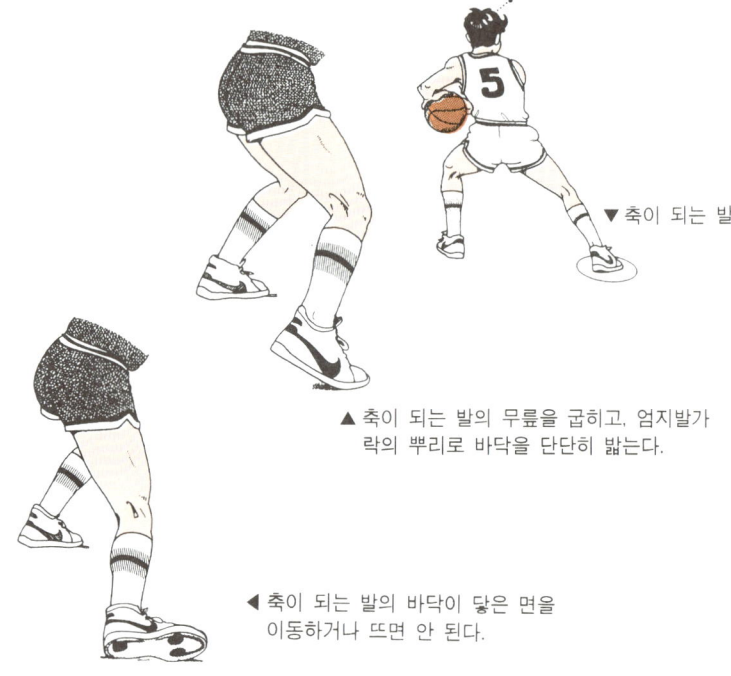

▼ 축이 되는 발

▲ 축이 되는 발의 무릎을 굽히고, 엄지발가락의 뿌리로 바닥을 단단히 밟는다.

◀ 축이 되는 발의 바닥이 닿은 면을 이동하거나 뜨면 안 된다.

를 신는 경우가 많아졌기 때문에 발가락의 감각이 둔해져 가고 있습니다. 때문에 피벗 풋에서 바닥과 접하는 면이 점점 벗어나도 알아차리지 못하거나 내딛고 있어야 할 발바닥이 완전히 거꾸로 된 경우가 늘어나고 있습니다. 이 점에 주의하도록 합시다.

팔꿈치를 펴거나 굽히거나 하여 공을 크게 움직이거나 무게 중심의 이동을 크게 하는 것, 또 공을 자신의 몸 앞에서만 다루려 하지 말고 머리나 몸 뒤쪽을 통과시키거나 피벗 풋이 변화하며 움직이는 방법 등은 다음 단계에서 배워야 할 페이크(Fake)로 연결되는 중요한 기본 기술이므로 충분히 연습하도록 합시다.

3

농구의 기초 기술

1. 슛은 농구의 최고 기술이다./36
2. 정확한 슛은 정확한 자세에서 나온다./38
3. 끝까지 골에서 눈을 떼지 않는다./42
4. 점프 슛은 점프의 최고점 직전에 한다./44
5. 골에 접근하면서 하는 레이업 슛./48
6. 볼의 꿰맨 줄에 손가락을 대고 기디린다./52
7. 드리블은 볼을 손가락으로 집어 내는 느낌으로 한다./54
8. 상대방-자신-볼의 위치 관계를 유지한다./56
9. 방향전환을 할 수 있으면 드리블은 완성이다./58
10. 몸 뒤로 볼을 보낸다./60
11. 축이 되는 발을 중심으로 볼과 몸을 회전시킨다./62
12. 손가락을 벌리고 손바닥을 볼에 향한다./64
13. 볼을 한 손에 대고 다른 한 손으로 누른다./66
14. 볼의 속도나 거리를 빨리 판단한다./68
15. 먼저 체스트 패스부터 시작하자./70
16. 오버헤드 패스의 두 가지 방법./72
17. 수비의 기본선을 뚫는 사이드핸드 패스./76
18. 오버헤드의 훅 패스를 연습한다./78
19. 볼을 빼앗을 결의로 플레이에 참가한다./82
20. 볼이 떨어지는 곳에서의 공방./84

Part 3 BASKET BALL
농구의 기초 기술

1. 슛은 농구의 최고 기술이다.

 농구의 기술에서 가장 어려운 것은 슛입니다. 능숙하게 패스를 하였더라도 마지막에 슛을 실패하면 점수를 올릴 수가 없습니다. 수비측의 경우 슛이 서투른 상대는 적당한 간격을 두면서 골대 가까이로 들어올 수 없게만 하면 충분히 지킬 수 있어 공격측을 불리하게 할 수 있습니다. 이러한 점을 생각하면, 슛 기술은 농구의 최고 기술이라고 하여도 지나친 말은 아닙니다.

 그런데, 슛의 종류는 몇 가지가 있을까요. 다음과 같이 구분할 수 있습니다. ①세트 슛 ②점프 슛 ③레이업 슛 ④턴 어라운드 슛 ⑤그 밖의 슛입니다.

 그러면 슛에는 어떤 주의가 필요할까요. 먼저 첫째로 정신적으

슛은 농구의 최고 기술이다.
매일 연습하여 자신감을 갖도록 하자.

▲ 원 핸드 점프 숏 연습

로 자신감을 가져야 합니다. 자신있게 슛을 할 때와 불안한 마음으로 슛을 할 때의 성공률은 확실히 다릅니다.

자신감을 갖기 위해서는 무엇보다 연습을 많이 해야 합니다.

둘째로 슛 찬스를 판단할 줄 알아야 합니다. 볼을 가진 사람과 그 외의 사람이 슛 찬스라고 느꼈을 때가 바로 가장 적절한 슛 찬스인데, 이러한 찬스는 볼을 가진 사람의 적극적인 판단에서 생기는 것이므로 연습하면서 착실히 배워둡시다.

2. 정확한 슛은 정확한 자세에서 나온다.

슛 찬스를 판단하여 자신감을 가지고 슛하면 성공할 확률이 높아지는 것은 사실이지만, 또한 올바른 슛 자세도 생각하여야 합니다.

그 첫째 기본은 몸의 자세입니다. 몸이 흔들흔들 움직여서는 슛이 들어가지 않습니다. 견고한 자세를 취합시다.

둘째는 눈의 위치와 볼의 관계입니다. 눈의 위, 옆, 아래에서 자세를 취하고, 다른 곳에서는 자세를 취하지 않도록 합시다. 골까지의 거리는 눈으로 계산하므로 눈 가까이에서 슛하는 것이 좋습니다. 슛할 때 방해를 받지 않도록 머리 뒤에서 던지는 사람이 있는데, 이것은 좋지 않습니다.

셋째는 골대를 향하여 똑바로 서야 합니다. 골까지의 거리 측정이 정확하더라도 몸이 비틀려 있어서는 들어가지 않습니다.

넷째는 손바닥을 볼에 대지 않는 것입니다. 손가락이 충분히 발육되어 있지 않은 여러분들은 이를 완전히 지키려고 하면 볼 컨트롤이 잘 안 되므로 손바닥에 대어도 좋지만, 언제나 손가락이 주체임을 잊지 말아야 합니다.

다섯째는 손가락, 손목, 팔꿈치, 어깨 등의 관절을 잘 다루어야 합니다. 보통 심장에서 제일 가까운 곳부터

▲ 정확한 슛은 바른 자세에서 나온다.

● 슛 동작의 나쁜 예

▶ 볼, 손목, 팔꿈치가 골을 향하고 있기 때문에 양 어깨의 선이 골을 향하고 있지 않다.

▶ 손목과 팔꿈치를 수직으로 세우고 있으므로 볼(손바닥)이 골을 향하고 있지 않다.

움직이는 것이 올바른 순서라고 합니다.

여섯째는 축이 되는 발의 문제입니다. 원 핸드(한 손) 슛이 주류를 이루고 있으므로 오른손잡이인 사람은 왼발을 축으로 합니다. 오른손잡이는 오른발이 왼발보다 뒤에 있으면 슛을 하기 어렵기 때문입니다.

일곱째는 중심 이동인데 될 수 있는 한 같은 지점에서 벗어나지 않는 것이 중요합니다. 점프 슛의 경우 점프한 위치보다 앞에 착지하는 것은 가장 좋지 않은 경우입니다.

Part 3 BASKET BALL
농구의 기초 기술

● 바른 슛 자세

① ▲ 드리블할 때에는 골에서 눈을 떼지 않도록 주의하자.

② ▲ 드리블할 때도 슛할 때도 무릎의 부드러운 사용이 중요하다.

⑥ ▲ 점프한다. 눈과 볼의 위치, 몸의 젖히는 방법에 주의하자.

⑦ ▲ 점프의 최고점에 도달하기 조금 전에 손에서 볼을 밀어낸다.

⑧ ▲ 손가락 끝으로 볼에 스핀(회전)을 준다

③ ▲ 볼을 잡고 있는 순간. 눈은 골에서 떼지 않는다.

④ ▲ 무릎이 깊이 굽혀진 순간인데 몸은 앞으로 구부리지 않도록 한다.

⑤ ▲ 볼을 눈 위에 세트한다. 무릎은 굽혀져 있다.

⑨ ▲ 폴로 스루라고 하여 팔이 볼을 따라가고 있다.

⑩ ▲ 착지는 뛰어오른 지점에 하고 눈은 골에서 떼지 않는다.

BASKET BALL
농구의 기초 기술

3. 끝까지 골에서 눈을 떼지 않는다.

각각의 슛에 대하여 알아 봅시다. 먼저 세트 슛에 대해 설명하고자 합니다.

원 핸드든, 보스 핸드(양손)든, 골에 똑바로 향하도록 합니다. 골까지의 거리가 짧으면 눈 위, 길면 눈 아래에 볼을 세트합니다. 원 핸드의 경우는 손목을 앞으로 내밀어 세트합니다.

보스 핸드의 경우에도 손목을 앞으로 뉘어 손등이 위로 향하도록 세트할 수 있습니다. 예전에는 모두 이 방법을 사용하였습니다.

세트한 다음에는 슛으로 들어갑니다. 먼저 무릎을 굽히면서 허리를 낮춥니다. 다음에 발끝으로 서면서 무릎을 폄과 동시에 팔을 위로 내밉니다.

끝으로 볼을 밀어내는데, 이때 그냥 밀어내는 것이 아니라 역스핀(회전)이 걸리도록 손가락으로 약간 긁는 듯한 느낌으로 합니다.

이 동작들을 하나하나 하는 것이 아니고, 전체의 흐름이 부드럽게 이어지도록 한 동작으로 합니다.

또 언제나 일정한 속도로 할 수 있도록 하고 도중에 갑자기 속도가 달라지지 않도록 주의합시다. 슛을 하고 끝날 때까지는 어떠한 일이 있어도 골에서 눈을 떼어서는 안 됩니다.

● 원 핸드

▲ 골을 주시한다.　　　　　　　　　　▲ 폴로 스루가 잘 보인다.

● 보스 핸드

▲ 눈, 골, 볼이 일직선이 되도록 한다.　　▲ 손가락 끝을 뻗는다.

4. 점프 슛은 점프의 최고점 직전에 한다.

점프 슛(Jump Shoot)

 기본적으로는 세트 슛과 같고 세트 슛을 점프해서 행한다고 생각하면 됩니다. 처음에 점프하기 위한 준비로서 무릎을 굽힙니다. 다음 무릎을 펴는 단계에서 볼을 눈 위에 세트하고 점프합니다. 이때 어깨에 힘이 들어가지 않도록 주의합니다.

 볼에 역 스핀을 주면서 슛을 하는데, 점프의 최고점에서 슛을 한다고 생각하기 쉽지만, 그렇게 해서 실패하는 경우를 많이 볼 수 있습니다. 명플레이어의 슛을 고속카메라로 촬영해 보면 잘 알 수 있는데, 사실은 최고점에 도달하기 직전에 슛을 하고 있으

● 점프 슛

▶ 최고점 직전에 슛한다.

▼ 점프하기 위하여 무릎을 굽힌다.

며 최고점에서는 이미 볼이 손에서 떨어져 있습니다. 점프 슛은 최고점에 이르기 직전에 합시다.

그리고 착지는 점프 지점과 같은 장소에 하도록 합니다.

턴 어라운드 슛
(Turn around Shoot)

● **턴 어라운드 슛**

골을 등지고 뛰어오르면서 몸의 회전을 이용하여 슛한다.

이 슛은 골 가까이의 포스트라고 불리는 지역에서 주로 사용하는 슛입니다. 골을 등지고 볼을 받을 때 오른손으로 슛하고자 한다면 볼을 받고 난 후 오른발로 착지합니다. 그리고, 골에서 눈을 떼지 않으면서 왼발을 크게 내디뎌 체중을 옮겨 갑니다. 이때 볼은 상대방 선수로부터 가장 먼 위치에 있습니다.

왼발에 완전히 체중을 얹고 그 반동으로 점프합니다. 볼을 오른쪽 어깨로부터 머리의 오른쪽 옆을 지나게 하여 뛰어오르면서 슛을 합니다.

턴 어라운드 슛에서도 골을 받았을 때부터 슛이 끝날 때까지 골에서 눈을 떼서는 안 된다는 것을 절대 잊지 마십시오.

● 점프 슛

① ▲볼을 잡은 위치에서 무릎을 깊이 굽혀 뛰어오를 준비를 한다.

② ▲볼을 잡는 위치를 낮게 하기 위하여 무릎을 많이 굽힌다.

● 턴 어라운드 슛

① ▲골을 등지고 밖에서 볼을 받는다. 이 순간부터 골을 본다.

② ▲왼쪽, 오른쪽으로 스텝 턴을 하고, 볼을 바깥쪽으로 바꾸어 잡는다.

▲ 볼을 당겨올려 눈 위에 세트한다. 점프 시작.

▲ 슛의 순간. 몸을 굽히거나 비틀거나 하여서는 안 된다.

▲ 착지의 직전. 눈은 골에서 떼지 않도록 주의하자.

▲ 무릎을 펴면서 슛하기 쉽도록 볼을 당긴다.

▲ 몸의 앞에서 볼을 잡지 말고 머리 위보다 뒤에서 슛하고 난 후 착지는 보통 왼발부터 한다.

BASKET BALL
농구의 기초 기술

5. 골에 접근하면서 하는 레이업 슛.

레이업 슛에 대해 알아 봅시다. 레이업이란 골에 접근해 가는 것을 말합니다. 보통은 달리면서 볼을 받아 스텝하여 슛하거나, 드리블로 파고 들어가서 스텝하여 슛하거나 둘 중의 하나입니다. 스텝은 2스텝, 1스텝, 노 스텝의 세 가지 방법이 있습니다.

오른손 슛을 기준으로 보면 달려가서 패스를 공중에서 받거나, 드리블하여 볼을 잡거나 하여 오른발로 착지합니다. 다음에 그 오른발 앞쪽으로 왼발로 내려서고 그 왼발로 힘껏 높이 점프하여 슛합니다. 이렇게 볼을 공중에서 받은 다음에 1보 – 2보 – 슛이라는 순서로 플레이하는 것이 2스텝 슛입니다.

1스텝은 공중에서 볼을 받아 왼발로 바닥에 내려서고 그 발로 점프하여 슛하는 것입니다. 노 스텝은 문자 그대로 공중에서 볼을 받아서 그대로 슛하는 것입니다.

이와 같이 레이업 슛을 하는데, 이 슛에는 오버헤드와 언더핸드의 두 종류가 있고, 각각 원 핸드와 투 핸드로 합니다. 그러나, 보통은 원핸드 슛이 많이 사용되므로 여기서는 그것에 대하여 설명하겠습니다.

먼저 주의할 점은 눈입니다. 슛은 어떤 경우에도 골에서 눈을 떼지 않도록 합니다. 패스를 받은 다음에 드리블하는 경우에는 드리블하면서 골을 봅니다. 공중에서 볼을 받을 때에는 1보째를 될 수 있는 대로 크게 앞으로 대시합니다.

2보째는 반대로 보폭을 작게 하여 브레이크를 걸어 전진하려는 힘을 위로 바꾸도록 합니다. 1보째 발의 넓적다리를 가슴에 대는 기분으로 당겨올려 점프합니다. 눈 가까이에서 볼을 던지는 것은 어느 슛에도 공통적이라고 할 수 있는 중요한 점입니다.

● 레이업 슛

▲ 전진하려는 힘을 위쪽으로 바꾸기 위하여 크게 점프한다. 볼을 받은 후부터 끝까지 골에서 눈을 떼지 않는다.

● 오버헤드 슛

▲ 드리블하면서 골을 본다. 아래를 보아서는 안 된다.

▲ 왼발 스텝에서 볼을 잡고 몸을 일으킨다.

▲ 이어서 보폭을 좁게 하고 전진하려는 힘을 위쪽으로 바꾼다.

● 언더핸드 슛

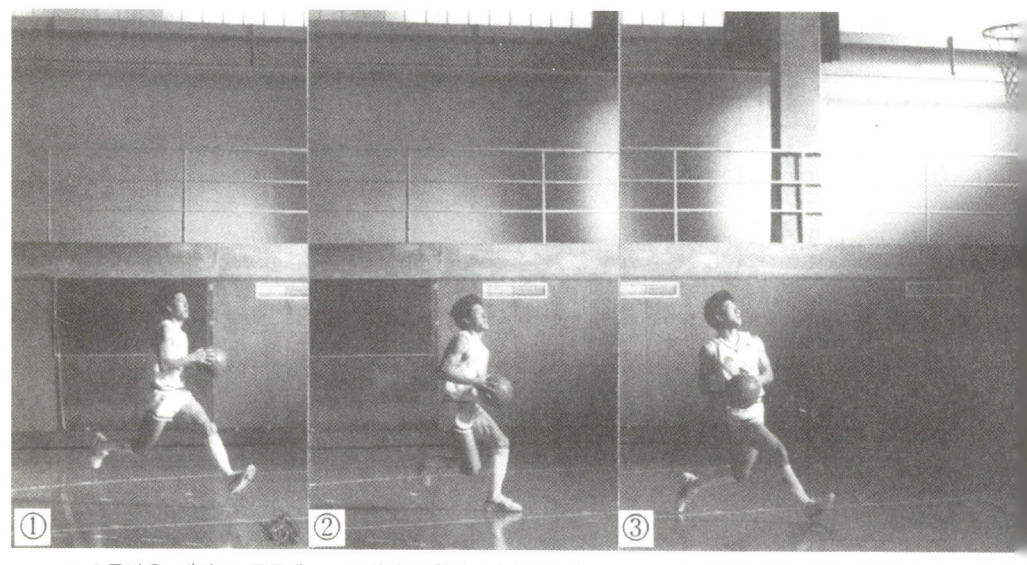

▲ 오른발을 내딛고 공중에서 크게 앞쪽으로 뛰어오르면서 볼을 잡는다.

▲ 왼발로 착지. 위쪽으로 점프하는 힘을 모으기 위하여 상반신을 일으킨다.

▲ 보폭을 좁게 하고 오른발로 착지한다.

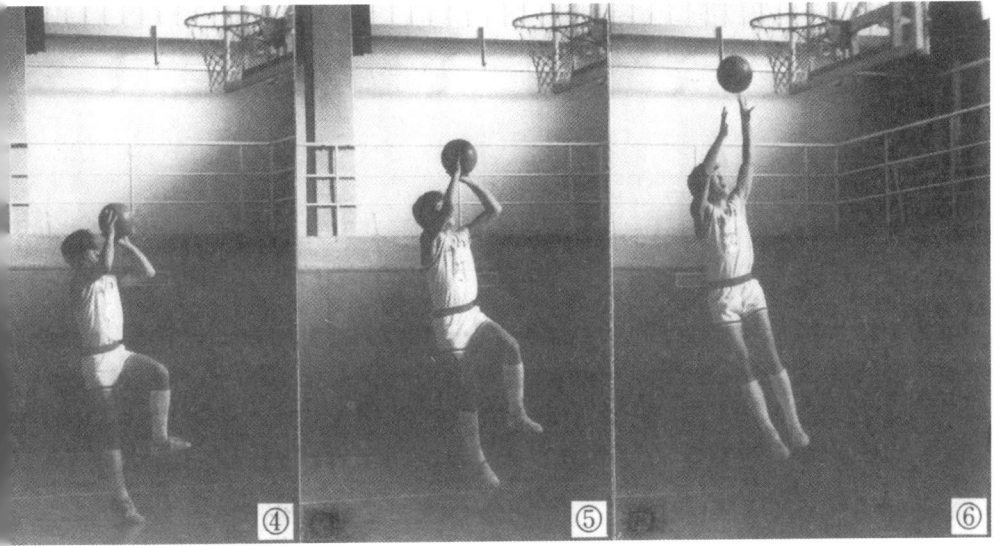

④
▲ 왼발을 가슴에 대는 기분으로 점프하여 볼을 세트한다.

⑤
▲ 공중에서 세트한 후 머리 위보다 높게 오버 핸드 슛한다.

⑥
▲ 오른손으로 상대의 블로킹을 커버하면서 슛한다.

④
▲ 왼쪽 발을 당겨 올려서 몸을 조금 앞으로 향하게 한다.

⑤
▲ 볼을 밑에서 받쳐 들고 골에 접근한다.

⑥
▲ 바스켓(골)에 살짝 볼을 얹어 놓는 기분으로 슛을 한다.

Part 3 BASKET BALL
농구의 기초 기술

6. 볼의 꿰맨 줄에 손가락을 대고 기다린다.

볼을 다루는 기술 중에서도 슛 기술은 매우 중요합니다. 특히 직접적으로 볼을 다루는 것은 손이기 때문에 핸들링에 대해서도 공부합시다.

핸들링 중에서 볼의 유지라는 것은 다음의 네 가지 상태를 말합니다. ① 손으로 잡고 있는, ② 드리블하고 있는, ③ 탭하고 있는, ④ 자기가 다룰 수 있는 범위 내의 바닥에 볼을 놓고 있는 상태인데, 여기서는 ① 손으로 잡고 있는 상태에 대하여 설명합니다.

볼의 중심을 아는 것이 핸들링의 기초가 되는 것은 팬 드릴에서 이미 공부하였습니다. 볼은 항상 중심을 잡아야 합니다. 볼을 잡는 방법은 일반적으로 바닥의 볼을 자연스럽게 위에서 잡는 것입니다.

이때 주의할 점은 첫째로 볼의 꿰맨 줄에 손가락을 대어야 합니다. 슬립(미끄러짐)을 막고, 볼에 스핀(회전)을 줄 수 있기 때문입니다. 바닥에 있는 볼을 잡을 때에는 눈으로 보고 잡으면 되지만, 경기 중이나 연습시에는 패스를 받거나 드리블을 그치거나 하여 여러 가지 상태에서 볼을 잡게 되므로 순간적으로 재빨리 꿰맨 줄에 손이 닿도록 연습합니다.

둘째는 엄지손가락과 집게손가락을 90도 정도로 벌립니다. 그 밖의 손가

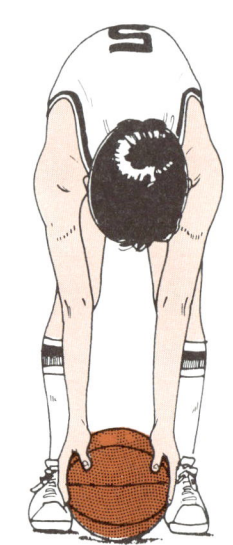

▲ 바닥의 볼은 위에서 자연스럽게 잡는다.

▲ 미끄러짐을 방지하고 스핀을 걸기 쉽게 하기 위하여 볼의 꿰맨 줄에 손가락을 대고 잡는다.

락은 자연스럽게 될 수 있는 대로 같은 간격으로 벌립니다. 좌우 엄지손가락의 간격은 10~15cm 정도면 됩니다.

 셋째는 손목입니다. 볼을 잡는 것만 너무 의식하면 아무래도 손목이 굳어집니다. 볼을 잡은 채 손목을 상하·좌우로 흔들어 힘을 빼도록 합니다.

 넷째는 볼을 잡는 손입니다. 볼은 손가락으로 잡는 것이 기본입니다. 될 수 있는 대로 손바닥을 대지 않도록 합시다.

Part 3 BASKET BALL
농구의 기초 기술

7. 드리블은 볼을 손가락으로 집어 내는 느낌으로 한다.

드리블이란 바닥과 손가락 사이를 볼이 왕복하는 것을 말합니다. 이것은 볼을 운반하기 위한 것, 찬스를 잡기 위한 것, 공격을 위한 것, 상대로부터 지키기 위한 것 등 네 가지로 나눌 수 있습니다. 그 중에서도 드리블로 상대방을 제치고 슛으로 연결하는 공격적인 것을 농구에서는 가장 중요한 기술로 하고 있습니다. 5명 전원이 직접 공격자가 될 수 있는 팀은 상대방에게 있어서는 매우 괴로운 팀이 됩니다.

드리블의 장점은 패스와는 달리 상대방에게 볼을 빼앗길 위험이 적다는 것입니다. 단점은 게임 전체의 흐름을 보는 눈이 좁아져서 판단이 부정확하게 되는 것입니다.

여러분들의 연령은 몸보다 신경의 발달쪽이 앞서 있습니다.

▶ 높은 드리블
허리 높이에서
무릎 높이에서
◀ 낮은 드리블

▲ 무릎보다 아래에서 볼을 친다.　　▲ 손바닥을 대지 않는다.

'이것은 어렵다'는 생각이 드는 것도 몇 번 연습을 반복하면 곧 배울 수 있는 것도 있습니다. 드리블도 마찬가지이므로 자신을 가지고 연습하십시오.

　드리블할 때 몇 가지 주의할 점이 있습니다. 먼저 볼을 칠 때의 주의입니다. 드리블은 몸 전체로 미는 것이 아니라 손가락을 중심으로 하여 집어 내는 느낌으로 해야 합니다. 볼을 치고 튀어 오른 볼의 중심을 집듯이 누르면 좋은 드리블이 됩니다. 손바닥을 볼에 대어도 상관없으나 손가락이 주체임을 잊지 마십시오.

　두 번째 '볼을 때려서는 안 된다'고 하지만 낮은 드리블의 경우 오히려 때리는 것이 바른 것입니다. 그것은 팔 근육의 굽히고 폄보다 볼의 상하 운동이 빨라져서 낮은 드리블에 따라갈 수 없기 때문입니다. 높은 드리블은 집어 내듯이 하고 낮은 드리블은 때리듯이 연습하십시오.

Part 3 BASKET BALL 농구의 기초 기술

8. 상대방 — 자신 — 볼의 위치 관계를 유지한다.

세 번째 주의할 점은 드리블의 높이로 그 한계는 허리까지입니다. 가슴 근방까지 높게 드리블하는 선수를 볼 수 있는데, 손목을 굽혀 볼을 겨우 잡고 있는 모습은 좋지 않습니다. 또 낮은 드리블의 경우에는 무릎까지를 그 한계로 합니다.

네 번째는 게임의 흐름을 침착하게 보는 눈을 기르는 것입니다. 이것은 '시야를 넓힌다'라고 하며 드리블에 한하지 않고 모든 플레이에 필요한 것입니다. 드리블할 때 바닥과 손가락 사이를 왕복하는 볼에 시선이 가게 되는데 이것은 시야를 좁게 하는 원인이 되므로 볼을 보고 싶어도 볼 수 없는 곳에서 드리블하도록 합니다. 즉, 몸의 앞이 아니라 옆에서 드리블하면 됩니다.

다음에 주의할 점은 손가락 끝을 앞으로 향하지 않는 것입니다. 손가락 끝을 앞으로 향하면 팔꿈치가 몸에서 떨어져 손목이 흔들리게 되고 불안정하게 됩니다.

시야를 넓게 하기 위해 몸의 옆에서 드리블하면 볼에 시선이 가지 않게 됩니다.

이상의 주의점을 기억하고 기본적인 드리블 연습을 시작하여 주십시오.

처음에는 기본형입니다. 상대방 선수가 오른쪽에 있어서 오른쪽으로 진행할 때를 생각하여 봅시다. 먼저 상대방에 대하여 몸을 옆으로 하고 얼굴만 오른쪽으로 향합니다. 그리고 볼을 빼앗기지 않도록 왼손을 옆으로 올린 채 오른손으로 드리블합니다. 즉, 상대방 —

▲ 눈은 앞쪽으로 향한다.   ▲ 무릎 아래에서 볼을 친다.   ▲ 왼손을 올려 상대를 막는다.

  자신 – 볼의 위치 관계가 성립되는 것입니다. 그리고, 무릎을 유연하게 하여 사이드 스텝(옆걸음)으로 나아갑니다. 왼쪽으로 진행할 때에는 그 반대가 됩니다.
  드리블 실패의 원인으로는 볼이 무릎보다 높아지는 것, 손가락 끝으로 집는 것을 잊고 있는 것, 무릎을 펴버리는 것 등을 들 수 있습니다. 이와 같은 점을 항상 주의하십시오.

9. 방향 전환을 할 수 있으면 드리블은 완성이다.

드리블은 진행하는 방향을 바꾸는 데 큰 의미가 있습니다. 그 자리에서 이동하지 않고 드리블하거나 똑바로 진행하는 것만으로는 상대방에게 볼을 빼앗기기 쉽습니다. 방향을 바꾸는 것이 자유롭게 되었을 때 드리블이 완성되었다고 할 수 있을 것입니다.

비트윈 더 레그 드리블(Between the Legs Dribble)

기본적인 전진 드리블의 다음은 방향을 바꾸는 제1보인 비트윈 더 레그 드리블(가랑이의 밑 통과)입니다. 이것은 얼핏 보기에 어려울 것 같으나, 실은 상대방으로부터 볼을 지키면서 방향을 바꾸기에 쉽고도 좋은 방법입니다.

비트윈 더 레그 드리블에는 두 가지 방법이 있습니다. 하나는 발의 바깥쪽으로부터 안쪽으로 통과시키는 방법, 또 하나는 안쪽으로부터 바깥쪽으로 통과시키는 방법인데, 여기서는 바깥쪽으로부터 안쪽으로 통과시키는 방법을 소개합니다.

먼저 양발을 가지런히 모으고 서서 몸의 왼쪽에서 왼손으로 드리블합니다. 바닥에 볼이 닿을 때 호령을 리드미컬하게 '하나, 둘' '하나, 둘'하고 박자를 맞추면 도움이 될 것입니다. 이 소리에 맞추어 무릎으로 가볍게 상하의 균형을 잡고, '하나'에서 왼발을 앞으로 내밉니다. 발을 내밈과 동시에 볼을 아래 바닥에 바운드시켜 볼을 몸의 왼쪽으로부터 가랑이 밑을 통과시켜 오른쪽으로 나오게 하여 오른손으로 드리블하는 것입니다.

다음에 오른손 드리블에서는 '둘'에 오른발을 앞으로 내밀고, 그 가랑이 아래를 통과하여 왼손으로 옮기는 식으로 원 스텝, 원 드리블로 진행하는 것입니다.

● 비트윈 더 레그 드리블

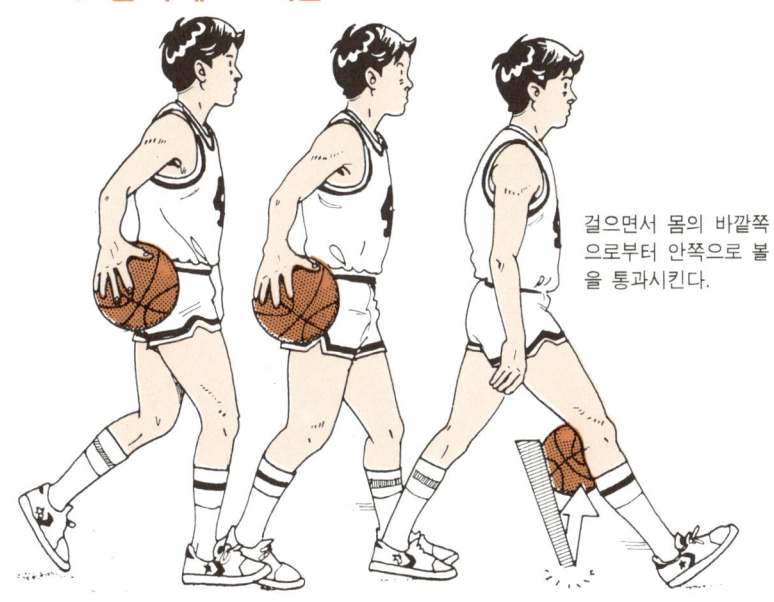

걸으면서 몸의 바깥쪽으로부터 안쪽으로 볼을 통과시킨다.

 처음에는 다소 어렵게 느껴질 수도 있으므로 같은 쪽에서 몇 번씩 연습하여 몸의 균형을 잘 잡도록 한 다음에 교대로 반복하도록 합니다.
 이 드리블을 잘하느냐 못하느냐는 발을 내밀었을 때 체중을 그 발에 실을 수 있느냐 없느냐에 따라 결정됩니다.
 앞쪽으로 내민 발에 체중을 실으면, 가랑이 밑의 삼각형이 커져서 볼을 통과시키기 쉽지만, 발만 내밀고 체중을 뒤에 남겨 두게 되면 삼각형이 작아져서 볼을 통과시킬 수 없습니다.

BASKET BALL
농구의 기초 기술

10. 몸 뒤로 볼을 보낸다.

비하인드 더 백 드리블(Behind the Back Dribble)

몸 뒤를 통한 드리블을 비하인드 더 백(배면 통과) 드리블이라고 합니다. 이 드리블은 상대방 선수가 볼을 빼앗으려고 할 때 순간적으로 볼을 몸의 뒤로 보내서 오른쪽으로부터 왼쪽으로 또는 왼쪽으로부터 오른쪽으로 바꿀 때에 사용합니다.

먼저 몸의 오른쪽에서 볼을 치면서 진행합니다. 그대로 진행하면 직진의 드리블이지만, 볼을 바닥에 치고 튀어 오르는 동안에 양발로 볼을 추월하도록 하는 것입니다. 이때 오른손은 등 쪽으로 돌려서 몸의 뒤쪽에서 볼을 치고, 오른발, 왼발 순서로 볼을 추월하는 것입니다.

그 순간, 몸은 진행 방향에 대하여 옆을 향한 형태가 됩니다. 그 다음에는 튀어 오른 볼을 왼손으로 다루는 것입니다.

결과적으로 볼은 좌우로 지나치게 벗어나지 않은 채 드리블하는 사람이 자기의 몸을 볼의 좌우로 움직이는 형태가 됩니다.

이 드리블은 똑바로 진행하다가 갑자기 좌우로 방향을 바꿀 때 매우 도움이 됩니다.

백 드리블로 좌우 교대를 할 수 있으면 비트윈 더 레그 드리블과 똑같이 리듬감을 파악할 수 있을 때까지 같은 쪽에서 몇 번이나 연습하여도 상관없습니다.

이 드리블을 어렵다고 느끼는 사람은 기본형을 생각해 보십시오. 기본형에서 그대로 몸의 뒤로 볼을 친다고 생각하면 참으로 간단한 것입니다.

두 가지 드리블에서 가장 중요한 것은 볼을 보지 않고 상대방

① ② ③

▲ 진행 방향에 대하여 어느 순간에 기본형을 만들면 된다.

의 움직임을 파악해 두는 것입니다.

11. 축이 되는 발을 중심으로 볼과 몸을 회전시킨다.

백 롤 드리블(Back Roll Dribble)

드리블하고 있을 때에는 언제나 상대방 선수의 움직임을 보고 있어야 하는데, 이번 드리블은 볼과 함께 몸도 회전하므로, 순간적으로 상대방으로부터 눈이 떨어져 버립니다. 이것은 농구의 플레이 원칙에서 보면 좋은 것은 아니지만, 다른 드리블에 비하여 순간적으로 약 2배의 거리를 벌 수 있으므로 이 드리블에 한하여 상대방으로부터 눈이 떨어져도 좋습니다.

먼저 기본형의 드리블을 합니다. 연습시에는 언제나 리듬을 잊지 않도록 하기 위하여 반드시 소리를 내거나 마음속으로 '하나, 둘', '하나, 둘'하고 박자를 맞추도록 합니다. 그렇게 하여 리듬을 파악하였으면 백 롤을 시작합시다.

오른손의 경우, 호령의 '하나'로 모든 동작이 끝나야 합니다. '하나'와 함께 오른손의 볼을 바로 아래가 아니라 몸의 뒤로 가져갑니다. 이와 동시에 왼발을 축으로 하여 오른발을 180도 뒤로 회전합니다. 마치 오른손과 볼, 오른발이 왼발을 피벗 풋(축발)으로 하여 원운동을 한다고 생각하면 됩니다.

이때 주의할 것은 턴에 시간이 걸리면, 한 번의 드리블이 끝나고 다시 드리블하였다고 간주되어 더블 드리블이라는 반칙이 되므로 스피드를 붙여 단번에 회전하도록 합니다.

실제 경기에서는 회전 동작 후에 그대로 오른손으로 드리블하여 슛이나 패스로 연결되지만, 연습에서는 다시 기본형으로 되돌아갑니다.

백 롤 드리블이 방향을 바꾸는 그 외의 드리블과 다른 점은 드

▲ 기본형으로 드리블한다. 　　▲ 왼손, 왼발로 백 턴한다. 　　▲ 여기서 기본형으로 되돌아간다.

리블을 하는 손이 좌우가 다르지 않다는 것입니다. 더구나 몸을 회전시키기 때문에 2배의 거리를 벌 수 있다는 의미를 알았으리라 생각합니다.

BASKET BALL
농구의 기초 기술

12. 손가락을 벌리고 손바닥을 볼에 향한다.

볼을 받는 것을 캐치라든가 리셉션이라고 합니다. 여러 가지 플레이를 하기 위해서는 볼을 소유하는 것이 필요합니다. 이것은 리바운드 볼(슛했을 때 들어가지 않고 튀어나온 볼)을 잡거나, 상대방의 패스를 도중에서 인터셉트하거나 하여 상대방의 볼을 직접 자기의 것으로 만드는 경우와 상대방이 득점에 성공하거나 상대방의 바이얼레이션(가벼운 반칙) 등 간접적으로 갖는 경우가 있습니다. 어쨌든 자기의 볼로 만들기 위해서는 먼저 볼을 잡아야 합니다.

볼의 핸들링에서 말한 바와 같이 볼을 가지고 있는 유형은 크게 나누어 네 가지가 있으나, 여기서는 직접 캐치하는 경우를 설

● 리셉션의 좋은 예

▲ 양손을 패스하는 사람을 향한 채 손가락을 뻗어 손바닥을 크게 벌린다.

◀ 무릎을 굽힌다.

명합니다.

 볼을 갖고 싶을 때에는 먼저 '나는 볼을 잡아야 한다'는 마음가짐이 중요합니다.

 다음에는 자세인데, 무릎을 굽히고 양손을 패스하는 사람을 향해 벌립니다. 이때, 특히 중요한 것은 손바닥을 볼로 향하고, 손가락을 뻗어 크게 손바닥을 벌립니다. 자칫 손가락을 내밀기 쉬운데, 볼이 손가락에 부딪치므로 주의해야 합니다.

 처음에 볼이 날아오면, 먼저 손가락을 대어 가볍게 아래로 떨어뜨립니다. 이때 팔이나 손가락은 움직이지 말고, 쿠션 역할을 하게 합니다. 다음에 의식적으로 손가락만 아래로 향하여 강하게 때려 볼을 떨어뜨립니다.

 이 두 가지 연습은 볼과 직각으로 손바닥과 손가락을 사용하는 것을 배우는 것과 볼 태핑(손가락으로 가볍게 두드림)을 배우기 위한 것입니다. 바닥에 떨어진 볼을 보지 말 것과 팔에서 볼을 떨어뜨리지 않도록 주의합시다.

● **리셉션의 나쁜 예**

▲ 손가락 끝을 뻗고 있다.

▲ 양손이 내려가 있다.

BASKET BALL
농구의 기초 기술

13. 볼을 한 손에 대고 다른 한 손으로 누른다.

'어떤 일이 있어도 볼을 잡아야 한다'는 생각이 너무 지나치면 볼을 잘 잡을 수 없습니다. 받기 어려운 곳으로 온 볼이나 강한 볼은 잡으려고 하면 도리어 실수를 하게 됩니다. 그보다는 볼을 떨어뜨려 그대로 드리블하는 것이 좋습니다.

볼은 손가락으로 잡도록 하십시오. 흔히 양손으로 잡으려고 하는데, 사실은 한 손으로 대고, 다른 한 손으로 볼을 누르면서 잡는 방법이 가장 좋습니다. 한 손으로 댄 소리와 한 손으로 누르는 소리가 '팍, 팍'하고 두 번 소리가 나도록 하는 것이 확실합니다. 양손으로 동시에 잡은 것같이 보이는 방법도 잘 살펴보면, 야구에서 글러브를 끼고 볼을 잡을 때와 마찬가지로 글러브 낀 손으로 볼을 잡고, 반대쪽 손으로 볼을 누르는 것과 같은 것입니다.

다음에는 볼을 향하여 돌진하는 것이 중요합니다. 볼을 받을 때에는 사람 중심이 아니라, 볼 중심으로 해야 합니다. 플레이를 해보면 볼을 쉽게 잘 놓치게 되는 것을 알 수 있습니다. 볼에 맞추어 전후·좌우로 대시합시다.

팬 드릴의 하나로 볼을 잡을 때, 팔을 교차시켜 잡는 방법이 있습니다. 또 혼자서 연습하는 방법으로, 오른손을 위로 하여 공중에 볼을 던져 올려 내려온 볼을 왼손을 위로 하여 받는 방법도 있습니다. 일반적으로 높은 위치에서 날아온 볼은 엄지손가락이 합쳐져 잡고, 낮은 위치이면 새끼손가락이 합쳐지는 방법으로 잡습니다.

● 리셉션

〈낮은 볼〉

▲ 좌우의 엄지손가락을
합치는 방법

▲ 좌우의 새끼손가락을
합치는 방법

〈높은 볼〉

▲ 좌우의 새끼손가락을
합치는 방법

▲ 좌우의 엄지손가락을
합치는 방법

14. 볼의 속도나 거리를 빨리 판단한다.

볼이 한 선수로부터 다른 선수로 넘어가는 것을 패스라고 합니다. 패스의 기술을 높이는 것은 슛이나 드리블에 비하여 상당히 어렵습니다. 그것은 패스가 간접적인 공격이라 할 수 있고 적어도 자기가 패스하려는 사람에게 붙어 있는 수비 선수 2명 이상을 상대로 하기 때문입니다. 그뿐만 아니라 패스할 때 볼의 속도나 상대방과 자기편과의 거리의 관계 등 많은 조건을 고려하여 빨리 판단해야 하기 때문입니다.

농구에서 가장 많은 실수가 패스 미스라는 것도 이 때문인 것을 알 수 있습니다. 그렇지만, 어렵더라도 좋은 패스를 할 수 있도록 연습합시다.

먼저 플레이어의 자세로 들어가면, ① 정지하고 있거나, ② 진행하고 있거나, ③ 점프하고 있거나 어느 하나입니다. 다음에 패스의 종류인데, ① 체스트 패스, ② 사이드핸드 패스, ③ 숄더 패스, ④ 오버헤드 패스, ⑤ 훅 패스, ⑥ 핸즈 오프 패스가 있습니다. 셋째는 볼이 지나는 길인데, ① 스트레이트(직선 통과), ② 플로트(곡선 통과), ③ 바운드시키는 세 가지 방법이 있습니다.

바운드 패스는 체스트 패스나 사이드핸드 패스에서 볼을 '바운드시켜' 사용합니다.

패스는 어떤 자세에서 어떤 패스를 이용해 어떤 식으로 던졌느냐를 말하는 것입니다. 예를 들면, '달리면서 체스트 패스로 플로트시켰다'라고 사용합니다.

이제부터 체스트 패스 등 각각의 패스에 대하여 자세히 설명하겠습니다.

● 스트레이트 패스

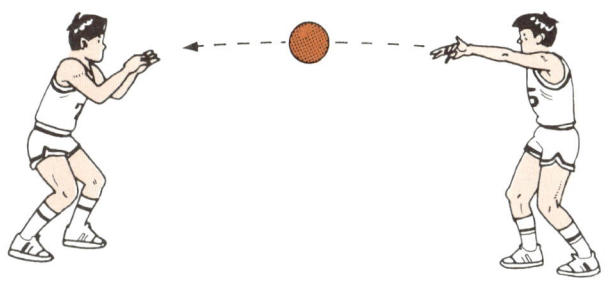

● 플로트 패스

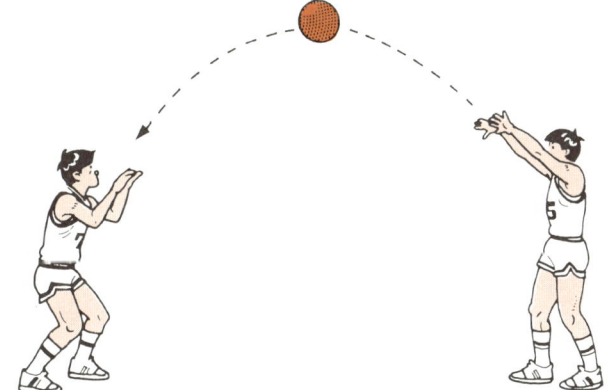

● 바운드 패스

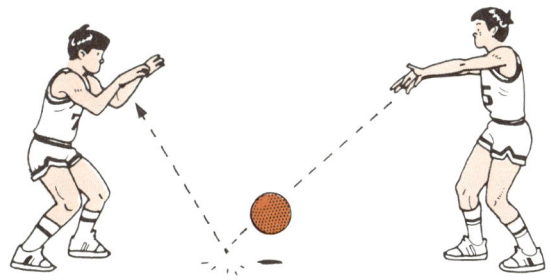

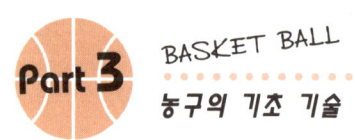

Part 3 BASKET BALL
농구의 기초 기술

15. 먼저 체스트 패스부터 시작하자.

체스트 패스(Chest Pass)

그러면 체스트 패스부터 시작합시다. 체스트란 가슴을 뜻하는데 가슴에서 가슴을 향하여 패스하므로 체스트 패스라고 합니다. 그러나 농구의 기술은 시대에 따라 점점 변해 왔습니다.

체스트 패스도 오늘날에는 가슴에서 패스하는 것이 아니라, 위(胃)가 있는 곳에서 패스합니다. 가슴 앞에서 패스하게 되면 손목이 휘어지기 어렵게 되고 어깨에 너무 힘이 들어가는 결점이 있기 때문입니다. 또 상대방의 가슴을 향해 패스하는 것이 기본이지만, 경우에 따라서는 가슴보다 위나 가슴에서 2m 정도 떨어진 옆쪽으로 플로팅(산봉우리 모양으로 던짐)시키는 방법도 있습니다.

● **체스트 패스**

손가락 끝으로 튕기듯이 볼을 밀어내면 회전이 걸린다.

가슴 아래에 볼을 잡고 패스할 상대를 잘 본다.

체스트 패스는 골에서 바깥쪽에 있는 선수들끼리는 다이렉트(직선) 패스를 할 수 있으나 바깥쪽에서 안쪽으로의 패스는 바운드시키거나 플로트시키거나 하는 수밖에 없습니다. 그러므로, 서로 마주보고 체스트 패스를 아무리 많이 연습해도 실전에서는 그다지 도움이 되지 않으므로 반드시 패스하는 사람과 패스받을 사람 사이에 수비하는 사람을 놓고 연습하십시오. 또 바깥쪽으로부터 안쪽, 안쪽으로부터 바깥쪽으로 하는 패스를 조합해서 연습하도록 하십시오.

먼저 가슴 아래에서 볼을 잡고, 손목의 힘을 빼고 손가락 끝을 바닥 쪽으로 향합니다. 이 자세에서 함차게 손가락 끝을 이용해 볼을 앞으로 밀어냅니다. 볼은 집게손가락과 중지 사이로 나가도록 하는데, 예전에는 엄지손가락과 집게손가락 사이라고 하였습니다. 그러나 초보자인 경우에는 엄지손가락을 사용하면 팔꿈치에 힘이 들어가서 볼이 잘 뻗어 나가지 않게 됩니다. 또 팔꿈치를 몸에 붙이고 좌우로 벌려서는 안 된다고도 하지만, 그렇게 하면 몸이 부자연스럽게 되고 볼을 앞으로 밀어낼 수도 없습니다.

Part 3 BASKET BALL
농구의 기초 기술

16. 오버헤드 패스의 두 가지 방법.

오버헤드 패스(Overhead Pass)

오버헤드 패스는 양손으로 볼을 머리 위에서 잡고, 거기에서 던지는 패스를 말합니다.

이 패스의 장점은 짧은 거리뿐만 아니라 먼 거리까지 사용할 수 있는 것입니다.

패스의 순서는 우선 발돋음하듯이 볼을 머리 위로 올립니다. 양손의 엄지손가락을 보통 때보다 약간 접근시켜서 잡으면 던지기 쉬워집니다. 이 위치에서 새끼손가락에 힘을 넣고 짧은 거리는 손목만으로, 중간 거리는 팔꿈치까지, 먼 거리는 몸 전체를 사용하여 팔을 흔들어 패스합니다.

골의 바깥쪽에서 안쪽으로 패스하는 경우 다이렉트(직선) 패스가 아니라 플로트(곡선) 패스가 큰 효과가 있으므로, 특히 플로트 패스의 연습을 많이 하십시오.

숄더 패스(Shoulder Pass)

다음에는 숄더 패스입니다. 베이스볼 패스라고도 하는 이 패스는 어깨 위쪽에서 팔힘을 이용하여 먼 거리에 사용하는 패스입니다. 속공이나 세트 플레이를 펼칠 때 대각선으로 패스할 경우에 사용합니다.

그러나, 베이스볼 패스라고 하여 야구와 같이 몸 뒤로 팔을 가져가면 볼을 컨트롤할 수 없으므로 너무 뒤로 젖히지 않도록 합시다.

오른손으로 패스하는 경우를 생각해 봅시다.

▲ 던지기는 힘차게 할 것　　　　▲ 팔꿈치를 굽히지 말 것

 양손으로 볼을 잡고, 오른발을 축으로 하여 왼발을 앞으로 냅니다. 그리고 왼발을 가볍게 들어 올리고, 오른발에 체중을 실으면서 오른손이 뒤로, 왼손이 아래가 되도록 볼을 잡아 머리 위로 들어 올립니다.

 오른손은 손가락을 크게 벌려 볼을 위에서 누르듯이 하여 될 수 있는 대로 팔꿈치를 굽히지 않고 힘차게 던집니다. 이때 팔이 오른쪽 귀 옆을 지나가는 것, 오른발에서 왼발로 체중이 이동하는 것 등에 주의하면서 연습합니다.

Part 3   BASKET BALL
농구의 기초 기술

● 오버헤드 패스

▶ 엄지손가락을 약간 접근시켜 잡고, 볼을 머리 위로 올린다.

▶ 손바닥을 뒤집듯이 볼을 밀어낸다. 손가락이 힘차게 뻗도록 하면 좋다.

● 숄더 패스(오른손 패스의 경우)

◀ 오른손을 위로, 왼손을 아래로 하여 머리 위로 올린다.

▼ 오른손은 팔꿈치를 굽히지 않고, 오른쪽 귀 옆을 스치도록 힘차게 던진다.

▲ 오른발을 축으로 하여 왼발을 가볍게 올린다.

▶ 오른발에서 왼발로 체중을 옮긴다.

Part 3 BASKET BALL
농구의 기초 기술

17. 수비의 기본선을 뚫는 사이드핸드 패스.

사이드핸드 패스는 근대 농구에 꼭 필요한 패스입니다. 수비하고 있는 상대방의 뒤에 있는 자기편에게 패스하려면, 체스트 패스로는 플로트(곡선) 패스밖에 방법이 없습니다. 그러나 상대방 선수가 키가 클 경우 오버헤드 패스도 하기 어렵게 됩니다.

사이드핸드 패스(Sidehand Pass)

사이드핸드 패스가 수비수를 뚫고 패스하기에 가장 적합하다는 것은 좌우로 몸을 흔들어 수비수를 속일 수 있기 때문입니다. 공격수와 골을 연결한 선을 수비수의 기본선이라고 하는데, 수비수는 이 선상에 있으면 공격수로부터 골을 지킨다는 책임감이 강하게 됩니다.

그러므로 볼을 가진 공격수가 좌우로 몸을 흔들거나, 드리블하거나 하면, 수비수는 기본선에만 신경을 써서 패스되는 볼에까지 손을 내밀 수가 없습니다. 사이드핸드 패스는 이러한 때에 유효한 무기입니다.

오른손 패스를 생각해 봅시다. 오른손으로 볼을 잡고 왼손으로 볼을 떨어뜨리지 않도록 누릅니다. 오른손의 팔꿈치는 가볍게 몸에 닿도록 하고, 팔꿈치의 각도를 90도 정도 유지합니다. 오른손의 손가락은 될 수 있는 대로 크게 벌려 엄지손가락을 제외하고는 오른쪽으로 향하게 합니다.

어깨는 왼손으로 볼을 지탱하는 관계로 왼쪽 어깨가 약간 앞으로 나와 버리지만, 마음속으로는 좌우가 평행이 되도록 생각하고 플레이를 합니다.

● 사이드핸드 패스(오른손 패스의 경우)

오른쪽 팔꿈치의 각도를 90도로 하고 몸에 가볍게 닿도록 하여 볼을 잡는다. 양발은 평행하게 벌린다.

　발도 똑같이 좌우로 벌리고, 절대로 앞뒤로 벌려서는 안 됩니다. 이것은 패스할 때 오른쪽으로 한 걸음 내밀고 패스함으로써, 수비수의 손에 절대로 볼이 닿지 않도록 하기 위한 것입니다.
　처음에 팔꿈치를 앞으로 내밀고, 그 다음에 손목을 흔들어 볼을 패스하는데, 플로트하거나 다이렉트로 던지지 않고, 바운드시키면 패스 미스가 적어집니다. 처음에는 힘들게 느껴지는 자세라도 익숙해지면 쉬워지므로 많이 연습합시다.

Part 3 BASKET BALL
농구의 기초 기술

18. 오버헤드의 훅 패스를 연습한다.

많이 사용되는 패스에 대하여 설명해 왔으나 이 밖에도 필요한 패스가 몇 가지 있습니다. 그 하나는 훅 패스입니다. 훅 패스는 오버헤드, 사이드핸드, 언더핸드의 세 종류로 나눌 수 있는데, 오버헤드를 배우는 것이 고급 농구와 연결됩니다.

오버헤드 훅 패스(Overhead Hook Pass) - 오른손

오른손 패스의 경우를 생각해 봅시다. 볼을 받은 후, 왼발을 축으로 하여 180도 백 턴(뒤로 회전)을 합니다. 그리고 오른쪽 무릎을 굽혀 체중을 왼발에서 오른발로 옮기고, 뒤의 리시버를 봅니다. 다음에 왼발에 체중을 옮기면서 프런트 턴(앞으로 회전)하여 원래의 자세로 되돌아가면서 오른손으로 잡은 볼을 리시버에게 패스합니다. 이때 손목이 덮일 정도로 하여 볼을 잡아 둘 것, 팔꿈치를 굽히지 말고 똑바로 펼 것, 왼발에 체중을 옮기면서 왼발만으로 점프할 것 등에 주의하십시오.

던지는 방법이 이상하다고 느껴질 때에는 같은 쪽의 손발이 사용되었기 때문입니다. 오른손과 왼발, 왼손과 오른발이 짝이 되도록 합시다.

● 오버헤드 훅 패스

◀ 오른손은 팔꿈치를 굽히지 말고, 똑바로 뻗는다.

▼ 왼발로 체중을 옮기고 그대로 왼발로 점프한다.

▼ 왼발을 축으로 하여 프런트 턴으로 원래의 자세로 되돌아간다.

JUMP

Part 3 BASKET BALL
농구의 기초 기술

점핑 패스(Jumping Pass)

다음은 점핑 패스입니다. 이 패스의 좋은 점은 상대방의 수비 타이밍을 어긋나게 할 수 있는 것입니다.

먼저 반신으로 몸을 숙이는데 이것은 드리블로 이동하는 도중 마침 드리블이 끝났다고 생각하면 됩니다. 드리블하던 볼이 올라올 때에 잡고 그대로 뛰어오릅니다. 그리고, 뛰어오르면서 회전을 주어 반신의 자세에서 리시버에게 똑바로 방향을 바꾸어 양손으로 패스하는 것입니다. 이때, 팔이 원운동을 하도록 합니다. 공중에서 한 번 머무르면 점프 패스가 됩니다. 이것은 뒤에서 점프해 오는 수비수와 타이밍이 맞아 실패하기 쉬우므로, 공중에서 머무르지 않는 점핑 패스로 하는 것입니다. 점핑 패스는 자기편이 볼을 잡은 후에 패스한 사람이 바닥에 내리게 되는 매우 빠른 패스입니다.

● 점핑 패스
▶ 점핑하면서 몸을 비틀어 리시버에게 똑바로 향하였을 때에 패스한다.

▲ 드리블한 볼이 올라온 것을 잡을 때, 반신의 스탠스를 취한다.

▲ 볼의 힘을 이용하여 그대로 뛰어오른다.

▲ 반신인 채로 뛰어오른다. 팔꿈치를 빨리 올리고 있는 점에 주의하자.

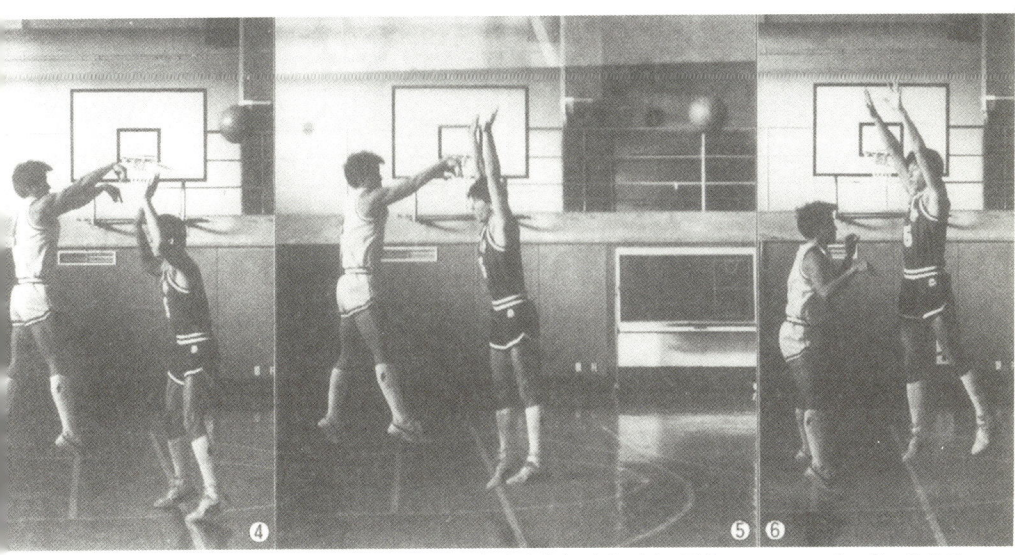

▲ 공중에서 머무르지 않고 패스. 상대방은 아직 뛰어오르지 않는다.

▲ 패스가 끝난 후에 상대방이 뛰어오르는 것을 잘 알 수 있다.

▲ 패스한 사람이 먼저 바닥에 내려서므로 기브 앤드 고.

19. 볼을 빼앗을 결의로 플레이에 참가한다.

　리바운드 볼이란 슛한 볼이 들어가지 않고 링이나 백 보드에 부딪혀 튀어나오는 볼을 말하며, 그 볼을 잡는 것을 리바운드라고 합니다. 리바운드 볼은 오펜스(공격)측과 디펜스(수비)측이 서로 잡으려고 합니다. 수비측이 리바운드를 할 경우 상대에게 또 다시 공격 기회를 허용하지 않고 자기팀이 공격권을 잡아 빠른 공격, 즉 속공으로 연결할 수 있으며 공격측이 리바운드를 할 경우 일단 실패했던 공격의 리듬을 다시 살려 득점 기회를 노릴 수 있기 때문입니다. 리바운드가 우세한 팀이 승리할 확률이 높은 것도 이러한 이유입니다.
　나중에 설명하겠지만, 공격측은 러닝 리바운드, 수비측은 스탠딩 리바운드가 되기 쉬운데, 각각의 방법을 배워야 합니다.
　리바운드의 어려움은 연습을 해도 확실히 몸에 익혀지지 않는다는 데에 있습니다. 그래도 라바운드에 참가하지 않으면 볼을 잡을 수 없습니다. 참가하여도 볼을 잡기 위해서는 점프하거나 뒤에서 말할 스크린 아웃을 해야 합니다. 여기에는 리바운드에 참가하는 적극적인 의지가 중요한 요소입니다. 흔히 키가 큰 선수만이 리바운드를 잘하는 것으로 생각하기 쉬운데 반드시 그런 것만은 아닙니다. 리바운드는 볼에 대한 집착력과 점프의 타이밍이 성공 여부를 결정해 주기 때문에 볼에 대한 감각과 위치 선정 그리고 볼이 날아올 위치를 예측하는 힘이 필요한 플레이입니다.
　공격측에서 10개의 리바운드 볼 중 4개를 잡을 수 있으면, 그 팀은 그 경기를 이길 수 있다고 합니다. 공격측은 골에 대하여 수비측보다 바깥쪽에 있어서 리바운드 볼을 잡기에 불리하기 때문입니다.

리바운드 볼을 자기의 것으로 만들기 위해서는 적극적인 마음가짐으로 플레이에 참가해야 한다.

　공격측의 경우 리바운드의 확률을 높이기 위해 연구해 낸 것이 러닝 리바운드와 트라이앵글 포지션, 스퀘어 포지션을 취하는 것입니다. 러닝 리바운드란 문자 그대로 달리면서 리바운드에 참가하는 것인데, 달리지 않으면 볼을 잡을 수 없는 불리한 위치에서 달려오는 힘으로 리바운드에 참가하는 것입니다.
　특히, 키가 작은 선수는 이 러닝 리바운드를 함으로써 재치있게 볼을 잡을 수 있습니다. 주의할 점은 뛰어들 공간을 확보하는 것인데, 천천히 골 밑으로 들어가서는 안 됩니다.

Part 3 BASKET BALL
농구의 기초 기술

20. 볼이 떨어지는 곳에서의 공방.

　러닝 리바운드는 단지 빨리 골 밑으로 간다고 되는 것은 아닙니다. 오른쪽 그림과 같이, 통계적으로 가장 많이 리바운드 볼이 떨어지는 반원을 가로질러 가야 합니다.

　그림을 보면 A선수는 좌우 어느 쪽으로 달려들어 가도 반원을 지날 수 있고, B선수는 A 쪽에서 달려들어 가야 반원을 지날 수 있으며 C선수 쪽에서는 원의 일부밖에 지날 수 없습니다. C선수도 똑같이 골의 위쪽, 즉 A 쪽에서 달려들어가는 것이 필요합니다.

▶ 팔꿈치와 어깨의 선을 바닥에 평행하게 하고, 등으로 상대방을 민다.

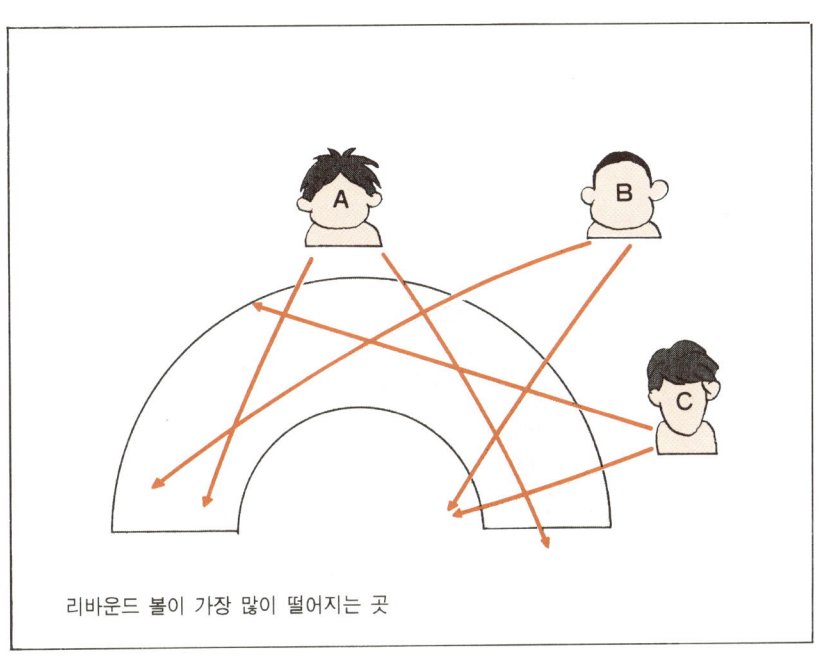

리바운드 볼이 가장 많이 떨어지는 곳

 트라이앵글 포지션이란 골을 앞에 두고 삼각형을 만드는 것을 말하고 스퀘어 포지션은 사각형을 만드는 것을 말합니다.
 한편, 수비측은 어떻게 리바운드하면 좋을까요. 수비는 항상 골 쪽(안쪽)에 있는 유리한 점이 있습니다. 이 유리한 위치를 효과적으로 활용하기 위해서는 스크린 아웃이 가장 좋은 방법입니다.
 스크린 아웃이란 상대방 선수를 자기의 등으로 바깥쪽으로 밀어내는 것을 말합니다. 원래 안쪽에 있으므로, 공격측보다 빨리 트라이앵글 포지션, 스퀘어 포지션을 취할 수 있습니다. 스크린 아웃의 방법은 상대방이 슛한 후, 먼저 팔을 뻗어 공격 선수에 손가락을 향합니다. 그 다음에 프런트 턴(앞으로 회전)하여 골을 향하여 스크린 아웃하는 것입니다. 이때 자세는 상대방을 등지고 양발·양팔을 벌리면서 무릎을 굽히고, 팔꿈치를 어깨와 같은 높이로 90도 정도 굽히고 손을 올립니다.

Part 3 BASKET BALL
농구의 기초 기술

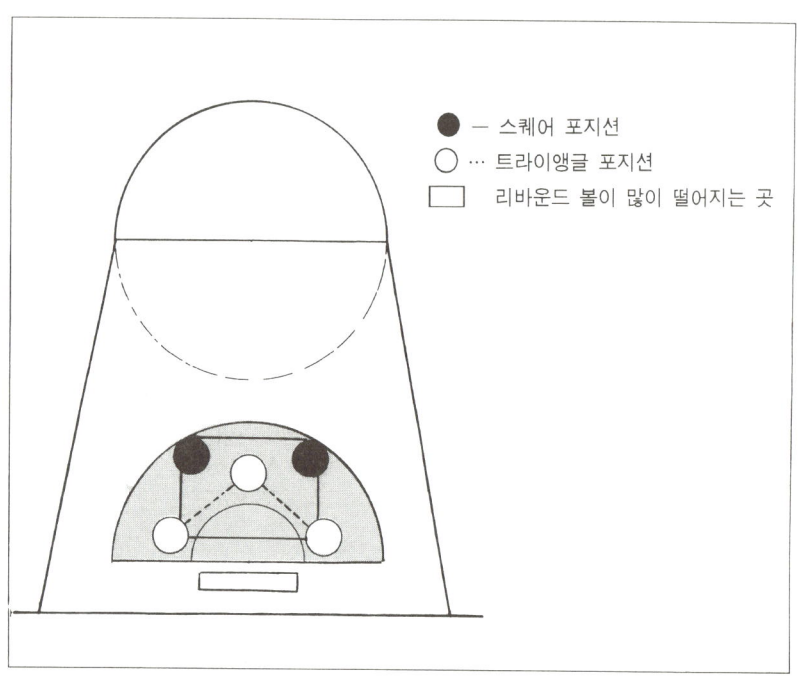

● — 스퀘어 포지션
○ ··· 트라이앵글 포지션
□ 리바운드 볼이 많이 떨어지는 곳

● 스크린 아웃

4

페이크

1. 페이크는 개인 공격의 기본이다./88
2. 수비측이 포인트를 알 수 없게 한다./92
3. 볼을 받으면 270도 프런트 턴한다./94
4. 볼과 발의 내미는 방향을 반대로 한다./98
5. 슛과 빠지는 자세를 동시에 한다./102
6. 몸의 이동과 반대방향으로 드리블한다./104
7. 발의 움직임으로 수비수를 속인다./106

BASKET BALL
페이크

1. 페이크는 개인 공격의 기본이다.

　페이크란 상대방을 속이는 것을 말합니다. 볼을 가지고 그대로 슛을 할 수 있으면 좋은데 슛을 할 수 없는 경우, 다음의 공격을 위하여 상대방 수비를 뚫고 골로 접근하는 드리블을 하게 됩니다. 여기서 문제가 생깁니다. 상대방은 간단히 드리블링을 하도록 가만히 있지 않습니다. 그래서 1대1의 공방전이 시작됩니다. 그 때 상대방을 돌파하기 위해서 페이크가 필요한 것입니다.
　페이크에는 슛의 동작을 취하는 슛 페이크, 패스의 동작을 취하는 패스 페이크, 드리블 도중에 사용하는 드리블 페이크 등이 있습니다.
　또 그 방법으로서 ① 허리 흔들기 ② 백 턴 후 뺀발 자세 ③ 반신 자세 ④ 만세 자세 ⑤ 반대발 ⑥ 비틀기발 ⑦ 슛 페이크 ⑧ 드리블 페이크 ⑨ 발의 이동을 이용한 페이크 아홉 가지가 있습니다.
　이러한 방법을 모두 자기의 기술로 만들 수 있으면 좋으나, 그것은 어려운 일이므로 이 중에서 자기에 맞는 방법을 몇 가지 익혀서, 그것을 복합하여 사용하면 좋으리라고 생각합니다.
　페이크를 언제든지 자유자재로 사용할 수 있도록 하는 것은 자기의 농구 기술을 높이는 데에 매우 중요합니다.

● 여러 가지 페이크

▲ 슛 페이크

▲ 패스 페이크

▲ 드리블 페이크

Part 4

BASKET BALL

페이크

허리 흔들기

허리 흔들기란 문자 그대로 허리를 흔드는 동작을 말합니다. 발을 크게 좌우로 벌리고, 먼저 오른쪽 무릎을 굽혀 오른발에 체중을 실으면서 오른쪽 무릎 앞에 볼을 내밉니다. 극단적으로 말하면, 오른발의 뒤꿈치에 오른쪽 엉덩이가 닿도록 하며 왼발의 무릎을 굽혀서는 안 됩니다.

다음에 내민 볼을 가슴 아래로 당기면서 오른발에서 왼발로 체중을 옮기고, 왼쪽 무릎을 굽혀 볼을 왼쪽 무릎 앞으로 내밉니다. 뒤에서 봤을 때 엉덩이가 좌우로 완전히 이동하고 있으면, 좋은 자세를 하고 있다고 할 수 있습니다.

허리 흔들기에는 반대 흔들기라고 하여 체중을 실은 발과 반대쪽(뻗은 발쪽)으로 볼을 내미는 방법도 있습니다. 어느 쪽이든 허리 흔들기는 페이크 개인 공격의 기본이 되는 것이므로 충분히 연습하십시오. 다만, 너무 급하게 하거나 너무 많이 하면 무릎이 아프게 되므로 주의하십시오.

● 반대 흔들기

체중을 실은 발의 반대쪽으로 볼을 내민다.

▲ 상대방과 정면으로 마주 대한다. 팔꿈치를 벌려서 볼을 커버한다.

▲ 볼을 당기고 본래의 스탠스로 돌아간다.

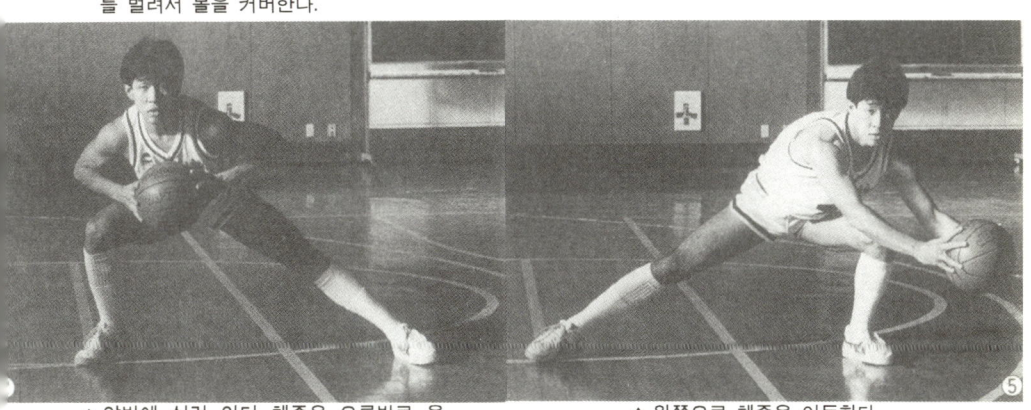

▲ 양발에 실려 있던 체중을 오른발로 옮겨 간다. 오른쪽 무릎을 굽힌다.

▲ 왼쪽으로 체중을 이동한다.

▲ 완전히 오른발에 체중을 옮기고, 볼은 오른발 앞쪽 아래로 내민다.

▲ 완전히 왼발에 체중을 옮긴다. 이렇게 하여 연속적으로 플레이한다.

페이크

2. 수비측이 포인트를 알 수 없게 한다.

백 턴 후 뺀발 자세

백 턴 후 뺀발 자세는 허리 흔들기의 동작을 더 크게 하여 일시 정지한 상태입니다. 연속하면 허리 흔들기가 되고, 정지하면 백 턴 후 뺀발 자세가 됩니다.

여기서는 오른발을 축으로 한 경우를 설명합니다. 먼저 골 라인 근방에서 골대를 등지고 볼을 받습니다. 이때 볼을 가슴 아래에서 잡고 될 수 있는 대로 몸을 오므리는 것이 좋습니다. 다음에 180도 백 턴(뒤로 회전)하여 골대를 향하면서 왼발을 비스듬히 왼쪽으로 내밉니다. 이 내민 발을 '뺀발'이라고 합니다. 그리고 반대쪽의 축이 되는 발(오른발)에 체중을 싣고 볼을 오른쪽 무릎 앞으로 내밉니다.

수비측에서 보면, 뺀발과 볼이 반대방향으로 나뉘어져 있으므로 수비하기 위한 포인트를 알 수 없게 됩니다. 볼 쪽을 지키면 뺀발 쪽으로, 뺀발 쪽을 지키면 볼 쪽으로 돌파당하는 상태가 되기 때문입니다.

이와 같이 백 턴 후 뺀발 자세를 취하는 것은 수비측에게 어느 쪽을 지킬 것인가를 선택하게 하는 것이므로 수비측이 곤란할 정도의 자세가 중요합니다. 그 때문에 180도 턴 다음에는 오른쪽 넓적다리에 가슴이 닿을 정도로 굽혀서 볼을 내미는 극단적인 자세를 취할 필요가 있습니다.

또, 허리 흔들기나 백 턴 후 뺀발 모션을 취하는 것이나 볼을 내밀었다 당겼다 하는 것이 중요한 포인트가 되므로 팔의 뻗기와 굽히기에 주의합시다.

● 백 턴 후 빤발 자세

◀ 골대를 등지고 볼을 받는다.

▶ 오른발을 축으로 하여 180도 백 턴한다

◀ 축이 되는 발(오른발)에 체중을 싣고, 볼을 오른쪽 무릎 앞으로 내민다.

3. 볼을 받으면 270도 프런트 턴한다.

반신 자세

반신 자세에서는 상대방의 수비에 대하여 가장 안전한 곳에 볼을 가지고 가는 것이 중요하며, 특히 수비가 심한 골대 근처에서는 더욱 중요하게 됩니다.

골대 가까이에서 골을 등지고 볼을 받은 다음, 프런트 턴(앞으로 회전)합니다. 수비가 심한 곳에서의 백 턴(뒤로 회전)은 자세가 허물어지기 쉽기 때문에 피하도록 합니다.

볼을 받은 후, 왼쪽(오른쪽)발을 축으로 하여 270도 정도 프런트 턴하여 볼을 오른발과 함께 오른발 앞으로 내밉니다. 다음에 오른발을 당긴 후 반신자세 상태가 됩니다.

처음에 프런트 턴으로 상대방을 밀어 넣고 상대방이 수비하게 한 다음에 가장 먼 곳으로 발을 당기면 수비수와의 사이에 상당한 공간이 생깁니다. 따라서 상대방이 그 거리를 좁히기 위해 앞으로 나오면 그때 드리블로 상대를 돌파하여 직접 슛을 하거나 골 근처로 패스하는 플레이를 할 수 있습니다. 리바운드 볼을 잡은 다음에도 이 방법을 사용할 수 있습니다.

● 반신 자세

▼ 볼을 오른발과 함께 내민다.

▲ 볼을 받은 후 왼발을 축으로 하여 270도 프런트 턴한다.

▶ 오른발을 당기고 반신 자세가 된다.

▼ 상대방이 나오는 곳을 스쳐서 빠져 나간다.

Part 4 BASKET BALL
페이크

만세 자세

골대를 등지고 볼을 받아 270도 정도 프런트 턴을 합니다. 왼발을 축으로 한 경우, 오른발을 피버팅하므로 이 오른발을 당깁니다. 만세 자세는 오른발을 당김과 동시에 양손을 위로 올려 만세를 부르는 동작을 합니다. 볼을 차분히 그리고 천천히 몸에 문지르듯이 하면서 얼굴 앞을 지나서 머리 위로 올려 만세 부르는 자세를 취합니다.

축이 되는 발에 체중이 실려 있으나, 양발이 모두 뒤꿈치를 올린 상태입니다. 그 다음에 재빨리 낮은 자세로 되돌아가서 허리 흔들기로 들어갑니다.

자세의 큰 변화와 동작의 변화가 만세 자세 특징입니다.

▲ 천천히 만세 동작을 하면 수비수도 따라서 올라온다.

● 만세 자세

▼ 볼을 받아 270도 프런트 턴한다.

▶ 오른발을 당김과 동시에 만세 동작을 한다.

▶ 즉시 낮은 자세로 되돌아가서 허리를 흔든다.

BASKET BALL
페이크

4. 볼과 발의 내미는 방향을 반대로 한다.

반대발

볼을 내미는 방향과 발을 내미는 방향을 똑같이 하다가 갑자기 반대 방향으로 볼을 내밀면서 드리블하는 페이크를 반대발 페이크라고 합니다. 이것은 보기보다는 플레이하기가 쉬운 페이크입니다.

볼을 받은 후 오른발을 축으로 하여 270도 가까이 프런트 턴하고, 왼발과 볼을 힘껏 내밀어 그쪽으로 돌파하는 것처럼 보이고는 순간적으로 재빨리 볼과 왼발을 당기면서 오른발 앞에 볼과 왼발을 내밉니다.

이때, 볼은 몸의 뒤쪽에서 바운드시키는 비하인드 더 백 드리블(배면 통과 드리블)을 하는데 왼발이 바닥에 닿음과 동시에 볼을 오른쪽으로 보냅니다. 왼발을 크게 오른쪽 앞으로 내디디면서 체중을 실으면, 상대방 수비수는 거의 속게 됩니다.

볼을 몸이나 목, 발 아래 등을 통하여 빙글 빙글 돌리는 팬 드릴이 이런 경우에도 도움이 됩니다.

▲ 빼는 동작을 크게 한다.

● 반대발

▲ 볼을 받은 후 오른발을 축으로 하여 270도 프런트 턴한다.

▲ 볼과 왼발을 오른발의 앞에 내 밈과 동시에 몸의 뒤로 드리블 하여 뺀다.

▲ 재빨리 볼과 왼발을 당긴다.

BASKET BALL

페이크

● 비틀기발

◀ 정면을 향하여 무릎을 가볍게 굽힌다.

▼ 오른쪽으로 볼을 내밀고, 발은 뒤쪽의 오른쪽으로 동시에 내민다.

① ②

비틀기발

보통 어느 쪽으로 볼을 내밀어도 축이 되는 발이 아닌 발은 그대로 남거나, 볼과 같은 방향으로 내밀거나 두 가지인데, 비틀기발은 축이 되는 발이 아닌 발을 몸 뒤로 내미는 페이크입니다.

뒤로 돌아선 채 볼을 받아 오른발을 축으로 하면서 270도 프런트 턴을 하여 왼발과 볼을 동시에 당깁니다. 그리고 오른쪽으로 볼을 내미는데, 그 순간 왼발은 볼의 방향(오른쪽)이 아니라 몸 뒤쪽의 바닥에 붙입니다. 체중은 오른발에 실은 채이지만, 상대방을 빼돌릴 때에는 왼발에 충분히 체중을 싣고, 그 반동을 이용하여 단번에 빠져 나갑니다.

◀ 볼을 가슴에 당긴 후 발을 당긴다.

▶ 왼쪽으로 이동하기 시작한다.

▶ 볼은 왼쪽 앞으로, 발은 왼쪽 뒤로 내민다.

BASKET BALL

페이크

5. 슛과 빠지는 자세를 동시에 한다.

슛 페이크

이 페이크는 슛을 정말 하려는 생각으로 골대를 겨냥하면 잘 됩니다. 그러나 사람은 생각하고 있는 것이 아무래도 동작에 나타나게 되므로 수비수는 좀처럼 속지 않습니다. 중요한 것은 슛 하는 자세와 빼는 자세를 같게 하는 것인데, 그러기 위해서는 체중이 한 곳에 모이도록 양발을 가지런히 모아야 합니다.

만약, 이 슛 페이크가 잘 된다면, 다른 페이크는 필요없어도 될 것입니다. 잘할 때에는 쉽게 빠져나갈 수 있는데, 그 까닭은 수비수가 슛 동작에 대하여 잘 반응하기 때문입니다. 반대로 슛 동작을 잘하지 못하면 수비수가 반응하지 않으므로, 슛 페이크를 해도 전혀 효력이 없게 됩니다.

그러면, 수비수가 반응하지 않는 경우에는 어떻게 하면 좋을까요. 그것은 뒤에서 말하는 발의 이동을 함께 사용하는 것입니다. 슛 동작 처음부터 발을 내밀었다가 발을 당겨 슛하는 자세를 취하는 로커 모션 스텝을 사용합니다.

● 슛 페이크

눈을 골로 향한 채 완전히 슛 자세를 취하여 수비수가 슛 동작에 반응하면 재빨리 뺀다.

BASKET BALL

페이크

6. 몸의 이동과 반대방향으로 드리블한다.

드리블을 이용한 페이크

페이크 중에서 가장 어려운 고도의 기술입니다. 등을 돌리고 볼을 받아 프런트 턴하여 허리 흔들기 동작에 들어갔다고 생각해 주십시오.

오른발을 축으로 한 경우, 오른쪽 앞으로 내민 볼을 가슴 아래로 당긴 다음에 왼쪽 앞으로 내밀었다가, 다시 오른쪽으로 내밀고 빼는 것입니다. 이때, 왼발의 넓적다리에 가슴이 닿을 정도로 체중을 이동시킵니다. 그와 동시에 머리를 숙이는데, 목을 굽혀 왼쪽을 보도록 합니다.

볼을 오른쪽으로 내밀고 드리블하는 동작과 왼쪽으로 목을 흔드는 동작을 동시에 하면 잘 됩니다.

어려운 것은 체중의 이동과 반대로 드리블하는 것인데, 많이 연습하여 익숙하게 되도록 하십시오.

농구에서는 피벗 풋(축이 되는 발)을 올리고 드리블해서는 안 됩니다.

오른발을 축으로 하여 생각하면, 왼쪽으로 체중을 옮겼을 때 오른쪽에서 볼을 빼면 되는데, 대부분의 경우 왼발에 체중을 실

▲ 고개를 숙이면서 왼쪽으로 목을 돌린다.

● **드리블을 이용한 페이크**

▶ 볼을 잡아 당긴다.
▼ 왼발을 내밀고 볼은 오른쪽으로 뺀다.
▼ 왼발의 넓적다리에 가슴이 닿을 정도로 체중을 이동시킨다.

기 때문에 오른발이 공중에 떠버리므로 주의가 필요하게 됩니다.

또, 오른발을 축으로 하여 왼발에 체중을 실을 경우, 양손으로 같은 왼쪽으로 볼을 이동시키는 방법도 있는데, 이 경우에는 왼쪽으로 내민 볼을 왼손으로 오른쪽을 향해 밀어내야 합니다.

어쨌든, 피벗 풋인 오른발을 바닥에서 떼기 전에 볼을 움직여야 합니다.

Part 4 BASKET BALL
페이크

7. 발의 움직임으로 수비수를 속인다.

발의 이동을 이용한 페이크

발을 내밀었다 당겼다 하는 동작을 취하는 시간 이용의 페이크입니다. 허리 흔들기형의 페이크는 볼과 체중의 이동만 있을 뿐 발의 이동은 없습니다. 발을 이동시키면 발의 이동의 속도가 기준이 되어 볼 이동에 날카로움이 없어져 버리기 때문입니다. 그러나, 이 페이크에서는 발의 이동 속도가 중심입니다.

먼저 프리 스로 라인에서 등을 돌린 채로 볼을 받아 왼발을 축으로 하여 프런트 턴을 합니다. 오른발과 볼을 당겨서 왼쪽을 향해 내밀고, 다음에 다시 기본 자세로 되돌아갑니다. 이 동작을 몇

▲ 발을 바닥에 그대로 둔 채 슛 모션을 할 수 있으면 최고의 플레이다.

Part 4 BASKET BALL
페이크

번 되풀이한 후 마지막에는 발을 당기지 않고 몸과 볼만을 당깁니다. 수비측은 몇 번 되풀이한 동작에 끌려 옵니다.

이 페이크는 발을 놓고 있으므로, 되풀이의 반동으로 체중을 이동시키면 재미있게 간단히 수비수를 젖힐 수 있습니다. 주의할 것은 발의 당김과 동시에 슛 동작을 취하는 것입니다.

좌우로의 발의 중심 이동과 볼의 내밀기와 당기기, 슛 자세로 수비에게 전진·후퇴를 시킬 수 있으면 이 페이크는 성공입니다.

이상 페이크에 대하여 설명했는데, 페이크는 패스나 드리블을 이용하거나, 또 슛이나 피벗 등 여러 동작을 섞어서 해야 합니다. 또 시간이나 방향, 거리의 이용 등 모든 것을 이용하여야 효과적입니다.

볼을 가지고 있을 때뿐만 아니라 볼을 갖고 있지 않을 때에도 상대방을 따돌리기 위해 페이크를 사용합니다.

페이크의 기본은 역시 직접 공격인 슛을 목적으로 한 것이어야 합니다. 슛의 중요성을 잊지 마십시오.

5

디펜스

1. 능률적인 발의 움직임이 기본이 된다./110
2. 프런트 슬라이드 스텝으로 공격수에 접근한다./114
3. 수비는 항상 공격을 생각하면서 한다./117
4. 양손은 몸에 평행으로 하여 상대방 패스를 막는다./120
5. 상대의 볼을 빼앗기 위한 기회를 노리자./122
6. 상대방의 움직임을 그치게 하기 위한 체크를 한다./124
7. 좋은 수비는 좋은 위치에서 생긴다./126
8. 오픈 스탠스와 클로즈드 스탠스./130
9. 동료와의 의사 소통은 구체적으로 하자./132
10. 자기의 몸으로 벽을 만드는 스크린 아웃을 해본다./134

Part 5 디펜스

BASKET BALL

1. 능률적인 발의 움직임이 기본이 된다.

수비하는 것을 디펜스(Defense)라고 합니다.

디펜스에는 맨 투 맨 디펜스(Man to Man Defense)와 존 디펜스(Zone Defense)의 2종류가 있습니다. 상대방에게 압력을 가하여 펼치는 수비를 프레스 디펜스(Press Defense)라고 하고 또 맨 투 맨과 존 디펜스를 병행한 것을 콤비네이션 디펜스(Combination Defense)라고 합니다.

디펜스에서 필요한 것은 여러 가지가 있지만 그 중에서도 자신의 몸을 움직이는 기본이 되는 풋워크가 가장 중요한 요소입니다. 맨 투 맨 디펜스로 상대방에게 딱 붙어서 떨어지지 않는 능력과 존 디펜스에서 볼을 쫓는 능력은 모두 이 풋워크를 통해 가능한 것입니다.

풋워크는 발을 사용하는 것입니다. 발을 움직이는 방법에는 여러 가지가 있으나 다음에 예로 드는 것이 대표적인 것입니다.

① 복서즈(권투 선수) 스텝
② 사이드(슬라이드) 스텝
③ 크로스 스텝

그리고 이 풋워크를 받쳐주는 기본이 되는 것이 발목을 측면에서 움직이는 사이드 킥입니다. 이것은 발목을 강하게 하는 기본이 되는 것이기도 합니다. 여기서는 수비의 기초가 되는 맨 투 맨 디펜스만을 설명하겠습니다.

맨 투 맨 디펜스에서는 상대방에 바싹 붙어서 되도록이면 떨어지지 않고 상대방의 공격을 막는 것이 중요합니다.

● 맨 투 맨 디펜스

공격수 한 명을 수비수 한 명이 전담하여 수비하는 방법으로 바싹 붙어서 떨어지지 않는 것이 중요하다.

Part 5 디펜스

복서즈 스텝 (Boxer's Step)

 좌우 2m 정도의 움직임에 사용하는 것으로 복사뼈가 교차하거나 부딪치지 않도록 하고, 일정한 간격을 둔 채 가볍게 이동하는 것입니다.

 좌우로 이동하기 위하여 양발의 발끝이 밖으로 향하는 전진발을 만들지 않도록 주의하십시오. 전진발을 만들면 방향을 바꿀 때마다 발을 바꾸어 밟지 않으면 안 되기 때문에 그만큼 동작이 느려집니다.

사이드 스텝 (Side Step)

 가장 많이 사용되는 것인데, 전진 이외에 사용합니다. 왼쪽으로 이동하는 경우에는 오른발부터 스텝하여 양발이 닿는 순간에 왼발을 내디딥니다.

 전진발을 만들지 않도록 주의하고 특히 어깨에 힘이 들어가기 쉬우므로 주의합시다.

크로스 스텝 (Cross Step)

 긴 거리를 수비할 때에 사용하는 것으로 진행 방향으로 달리기 시작할 때에 발이 교차하기 때문에 크로스 스텝이라고 합니다. 이때 상반신은 볼 쪽을 향하도록 합니다.

 이 스텝을 사용하여 상대방을 수비할 때에는 자세보다는 속도가 더 중요시됩니다.

2. 프런트 슬라이드 스텝으로 공격수에 접근한다.

볼을 가지고 있는 선수에게 접근하려면 능숙한 풋워크가 필요하게 됩니다. 슛하려고 자세를 취한 공격수를 그대로 두면 슛을 하게 되므로 그것을 막기 위해 공격수에게 접근해야 하는데, 이 경우 대부분의 수비수가 사이드 스텝을 사용하고 있습니다.

프런트 슬라이드 스텝

그러나 사이드 스텝은 진행 방향에 대하여 뒤에 있는 발부터 나감으로써 상대방이 드리블하기 쉬워지므로, 여기서는 프런트 슬라이드 스텝이 필요하게 됩니다. 이 스텝만 할 수 있으면 디펜스의 풋워크를 마스터했다고 생각해도 좋습니다.

이 스텝은 진행 방향에 대하여 앞에 나와 있는 발부터 움직이기 시작합니다. 볼을 가지고 있는 공격수에 접근하는 경우, 상대방이 빠져 나가는 경우를 생각하여 즉시 되돌아올 수 있도록 앞에 나와 있는 발부터 나가는 것이 좋습니다. 또 뒤에서 설명할 스크린 플레이 등이 행하여지는 좁은 장소를 지나갈 때에도 앞에 나와 있는 발부터 움직이는 것이 좋습니다.

수비할 때 필요한 또 한 가지 사항

● **프런트 슬라이드 스텝**

진행 방향에 대하여 앞으로 나온 발부터 움직인다.

은 상대의 시선을 놓치지 않는 것입니다. 예전에는 공격수의 몸 중앙을 보고 수비한다는 원칙이 있었습니다. 눈을 보면 속기 쉽다는 이유 때문이었습니다. 그러나, 항상 먼저 움직이는 유리한 입장의 공격수에 대하여 먼저 움직일 수 없는 수비수가 상대의 몸만을 보고 있다가는 상대방의 플레이를 읽을 수가 없습니다. 반드시 상대의 눈을 보면서 수비합시다.

백 슬라이드 스텝

공을 가지고 있는 상대방과 마주 보고 있는 수비 선수는, 상대방이 슛을 하지 못하도록 하는 것 이외에 드라이브인을 막고, 패스를 쉽게 하지 못하게 하는 것 등 여러 가지 목적이 있으나 역시 슛에 상당한 비중을 두고 수비해야 합니다. 그러나 상대는 페

Part 5 BASKET BALL
디펜스

이크로 빠져 나갈 수도 있습니다. 그러면 어떻게 수비하면 좋을까요? 우선 백 슬라이드 스텝을 몸에 익혀야 합니다.

백 슬라이드 스텝은 이해하기 쉽게 말하자면 상대방에게 당하기 쉬운 순간에 보통은 바로 크로스 스텝을 사용하지만 여기에 복서즈 스텝을 집어넣어 크로스 스텝으로 바꾸는 것입니다.

오른발과 오른손을 앞으로 하는 스탠스로 수비하고 있는 경우 드라이브인하면 디펜스는 그대로 복서즈 스텝으로 뒤쪽으로 물러나고 착지했던 왼발을 축으로 하여 오른발을 뒤쪽으로 하는 것입니다.

이러한 발놀림을 무의식적으로 사용할 수 있을 정도로 몸에 익히도록 합시다.

● **백 슬라이드 스텝**

▲ 뒷(왼쪽)발을 축으로 하여 그 축이 되는 발을 뒤로 어긋나게 하면서 턴한다.

3. 수비는 항상 공격을 생각하면서 한다.

수비수는 단순히 지킨다는 것뿐만 아니라 수비를 하다가도 언제든지 공격으로 전환한다는 사고 방식이 중요합니다. 그러기 위해서는 상대방의 볼을 빼앗는 기술이 필요합니다. 슛을 막는 슛 블록, 드리블을 정지시키는 드리블 스틸, 패스를 중간에서 가로채는 패스 인터셉트 등이 이에 속합니다.

슛 블록 (Shoot Block)

공격 팀이 볼을 잡은 후 30초 이내에 슛을 하지 않으면 상대 팀의 볼이 되는 30초 룰이 없어서 오랫동안 볼을 가질 수 있었던 시절에는, 슛 블록을 위해 뛰어오르는 것이 오히려 수비하는 데 좋지 않은 결과를 가져다 주기도 하였습니다. 그것은 슛 블록을 위해 뛰어오르는 사이에 볼을 가진 선수가 골대 가까이로 쉽게 접근할 수 있기 때문입니다. 지금은 초등학생 경기에도 30초 룰이 채택되고 있으므로 슛 블록을 익혀 두도록 합시다.

슛 블록은 한 손만을 사용하는 것으로, 절대 양손을 사용해서는 안 됩니다. 이는 상대방과 부딪치는 것을 방지하기 위해서입니다. 연습은 머리 위에서 슛하는 자세를 취한 상대방에 대하여 그 사람의 옆에서 뛰어오르면서 스쳐 지나가는 동작을 함으로써 블로킹의 타이밍을 익히도록 합니다.

Part 5

BASKET BALL

디펜스

◀ 오른손 슛은 오른손으로 블록한다.

◀ 몸이 부딪치지 않도록 오른쪽 옆을 스쳐 지나간다.

◀ 블로킹한 볼을 주워 속공을 한다.

드리블 스틸 (Dribble Steal)

　상대방이 드리블할 때에 무턱대고 손을 내민다고 해서 그 볼을 빼앗을 수 있는 것은 아닙니다. ① 바운드 리듬이 같을 때, ② 방향을 바꿀 때, ③ 드리블은 계속하고 있으나, 발은 멈추었을 때, ④ 도망가는 드리블일 때, ⑤ 실수로 볼을 놓쳤을 때의 다섯 경우 외에는 손을 내밀지 않는 것이 좋습니다. 또 손을 내밀 때에는 반드시 한 손으로, 그것도 상대방이 드리블하고 있는 손과 같은 손을 사용하도록 합니다. 상대방이 왼손으로 드리블하고 있으면, 수비측도 반드시 왼손을 내밀도록 합시다.
　이때 초보자의 경우 오른손을 내밀면 얼굴과 얼굴이 부딪쳐 크게 부상을 당할 수가 있으므로 주의하십시오.

● **드리블 스틸**

▼ 몸이 지나는 폭만큼 밖으로 돌아야 속공으로 연결할 수 있다.

▼ 오른손 드리블에는 오른손으로 스틸을 한다.

▲ 볼을 노린다.

4. 양손을 몸에 평행으로 하여 상대방의 패스를 막는다.

패스 인터셉트 (Pass Intercept)

 상대방의 패스를 도중에서 가로채는 것을 패스 인터셉트라고 합니다. 보통의 선수는 자기를 중심으로 하여 좌우 2~5m 정도를 수비할 수 있는데, 이것을 수비폭이라고 합니다. 만약 수비폭 내에 볼을 가진 상대 선수가 있으면 반드시 패스 인터셉트를 노려야 합니다.

 패스 인터셉트에서 가장 중요한 것은 볼을 가로챌 때는 양손을 사용한다는 것입니다. 또 손을 내밀 때는 몸에 평행으로 내밀어야 합니다. 아래 그림과 같이 손을 뻗으면 손의 길이가 한정되어 있으므로 볼은 손끝을 스쳐 지나가 버립니다. 그 때문에 약간 뒤로 물러서서 양손을 몸에 평행으로 내밀도록 하는 게 좋습니다.

◀ 양손으로 빼앗는 것이 기본이다.

　맨 투 맨 디펜스에서 보다 능률적으로 인터셉트를 하려면 개인의 노력도 필요하지만, 그 이상으로 동료 선수들의 협력이 필요하게 됩니다. 최종적으로는 팀 전체가 행하는 팀 디펜스가 목표이지만, 2명이나 3명이 협력하는 디펜스도 필요하게 됩니다.

　예를 들면, 맨 투 맨 수비를 하면서 각기 상대 선수를 마크하다가 인터셉트할 수 있는 상황이 됐을 때 서로 마크하는 상대를 바꾸는 스위칭(Switching)이 있습니다. 이런 경우는 소극적인 스위치이지만, 상대방이 빼앗기지 않더라도 스위치 디펜스를 적극적으로 행하여 공격하는 상대를 위기로 몰아넣는 일도 생각할 수 있습니다. 이와 같이, 디펜스는 단순히 수비만 하는 디펜스에서 수비하다가 공격하는 디펜스로 변천해 가고 있습니다.

Part 5 BASKET BALL
디펜스

5. 상대의 볼을 빼앗기 위한 기회를 노리자.

능률적으로 수비하려는 생각을 더욱 발전시키면, 다음의 여섯 가지가 중요한 사항이 됩니다.
① 스탠스(Stance), ② 비전(Vision), ③ 포지션(Position), ④ 커뮤니케이션(Communication), ⑤ 로테이션(Rotation), ⑥ 스크린 아웃으로 이것을 맨 투 맨 포메이션(Formation)이라고 합니다.

이 포메이션을 알기 쉽게 설명하기 위해 볼을 가진 오펜스를 마크하는 사람을 ①번 디펜스, 그 옆의 오펜스를 마크하는 사람을 ②번 디펜스, 그리고 볼을 가는 사람으로부터 한 사람 건너 있는 오펜스를 마크하는 사람을 ③번 디펜스라고 부르기를 합시다.

▲ 어떠한 경우라도 핸즈 업은 한 손으로 한다.

스탠스(Stance)

스탠스란 자세를 말하는데, 좋은 스탠스를 지키기 위해서는 다음의 세 가지 사항에 주의해야 합니다.
① 핸즈 업(Hands Up)
② 스냅(Snap)
③ 체크(Check)

핸즈 업이란 손을 드는 것인데, 단순히 손을 드는 것이 아니라 반드시 한 손을 들어야 하고 양손을 들어서는 안 됩니다.

①번 디펜스의 핸즈 업은 볼을 가지고 있는 공격수에 대힌 것이므로, 상대방이 슛할 마음을 가질 수 없도록 확실히 손을 듭니다. ②번 디펜스는 상대방이 볼을 가지고 있지 않으므로 손을 들 필요가 없다고 생각할 수도 있으나, 전혀 그렇지 않습니다. 자기가 지키는 상대방과 볼을 가지고 있는 상대방을 향하여 손을 들어야 합니다. ③번 디펜스도 마찬가지입니다.

스냅이란 볼을 치는 것을 말합니다. 그냥 손만 들고서 수비만 해서는 안 되고 틈을 보아서 볼을 쳐서 빼앗아야 합니다. ①번 디펜스의 스냅은 상대방이 높은 위치에서 볼을 가지고 있는 경우에는 아래에서 위로, 낮은 경우에는 위에서 아래로 칩니다.

6. 상대방의 움직임을 그치게 하기 위한 체크를 한다.

②번과 ③번 디펜스는 각각의 위치에서는 직접 볼을 칠 수 없으므로 볼을 가진 상대에게 볼을 가로채겠다는 의지를 전달하도록 합니다. 그러한 의지를 보여 주기 위해서는 손바닥을 이용하면 되는데, 손가락을 펴고 손바닥을 벌려 볼을 가지고 있는 사람을 향하면 됩니다. 한번 자기를 향하여 5명의 친구들이 손바닥을 향하게 해보십시오. 마크를 당하고 있는 기분을 느낄 수 있을 것입니다.

체크(Check)

체크란 상대방이 자유롭게 플레이하지 못하도록 하는 것을 말합니다.

①번 디펜스의 체크는 드리블의 방향을 잘 파악하여 좌우 어느 쪽으로 드리블할 것인지를 예측하여 드리블을 막는 것입니다.

②번 체크는 ②번의 오펜스가 어떤 플레이를 하려고 하는지, 어떻게 하면 가장 곤란할 것인가를 생각합니다.

오펜스는 골대 밑에서 볼을 받으면 슛을 하기 쉬워지므로 ②번 디펜스를 추월하는 컷인 플레이(Cut-in Play)를 펼칠 것입니다.

이 경우, 볼 쪽으로 뛰어드는 볼 사이드 컷(Ball Side Cut)과 반대쪽으로 뛰어드는 블라인드 사이드 컷(Blind Side Cut)이 있습니다.

②번의 디펜스는 이 중 볼 사이드 컷에 대하여 체크하고 블라인드 사이드 컷은 다른 수비 선수에게 맡깁니다. 양쪽의 컷을 모두 지키려고 하다가는, 어느 한쪽의 컷인 플레이를 당하게 됩니

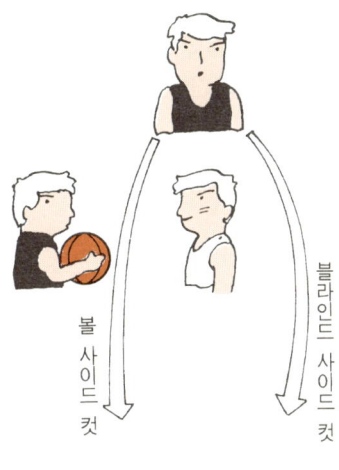

▲ 컷인 플레이를 당하지 않도록 주의합시다.

다. 이렇게 전원이 협력하여 수비하는 것이 팀 플레이의 시작입니다.

③번의 체크는 ③번의 오펜스가 주로 포스트(프리 스로 라인과 엔드 라인 사이의 지역)에 나오는 일이 많으므로 이것을 체크하는 것입니다. ③번의 디펜스는 오펜스를 너무 가까이서 마크해서는 안 됩니다. 볼 사이드, 블라인드 사이드를 함께 체크해야 하므로 너무 가까이 있으면 다른 동료들과 협력을 할 수 없게 되기 때문입니다.

7. 좋은 수비는 좋은 위치에서 생긴다.

포지션(Position)

좋은 스탠스를 취함으로써 좋은 수비를 할 수 있습니다. 어느 종목이나 수비하는 쪽보다는 공격하는 쪽이 이점을 안고 플레이하기 때문에 수비하는 사람은 다음의 대책을 세워야 합니다. 좋은 자세를 취하면서 좋은 위치를 잡으면 더욱 강력한 수비를 펼칠 수 있습니다.

포지션이란 위치를 말합니다. ①번 디펜스의 좋은 위치는 어딜까요. 그것은 〈그림1〉과 같은 기본선에 서는 것입니다. 디펜스의 기본선이란 오펜스와 골을 연결한 선을 말합니다. 상대방의 오펜스는 볼을 가지고 있으므로 이 선상에 서서 너무 떨어지지도 않고 너무 가깝지도 않은 거리, 즉 한 걸음 앞으로 나와 겨우 볼에 닿을 수 있는 위치가 ①번의 포지션입니다.

②번의 포지션은 〈그림2〉와 같은 위치입니다. 디펜스의 기본선과 자기가 지키고 있는 오펜스에게 볼이 패스되는 코스에서 생기는 각도를 반으로 나눈 선상입니다. 이 경우 비교적 오펜스에 접근해서 패스 인터셉트를 노립니다. 또 ③번 디펜스는 ①번, ②번 등의 디펜스에 협력하기 위하여 ②번과 같은 생각으로 수비하지만 오펜스가 돌파에 성공해서 골에 접근하기 전에는 자신의 위치를 유지합니다.

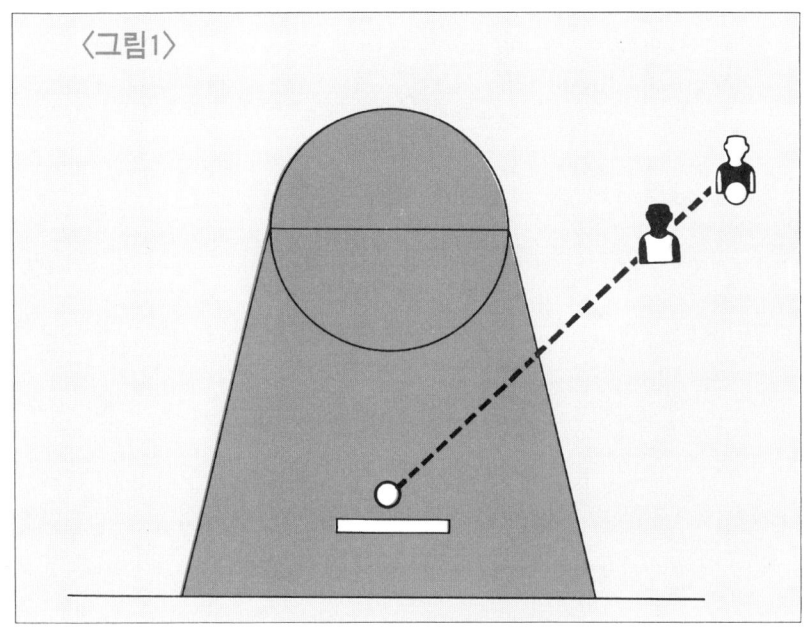

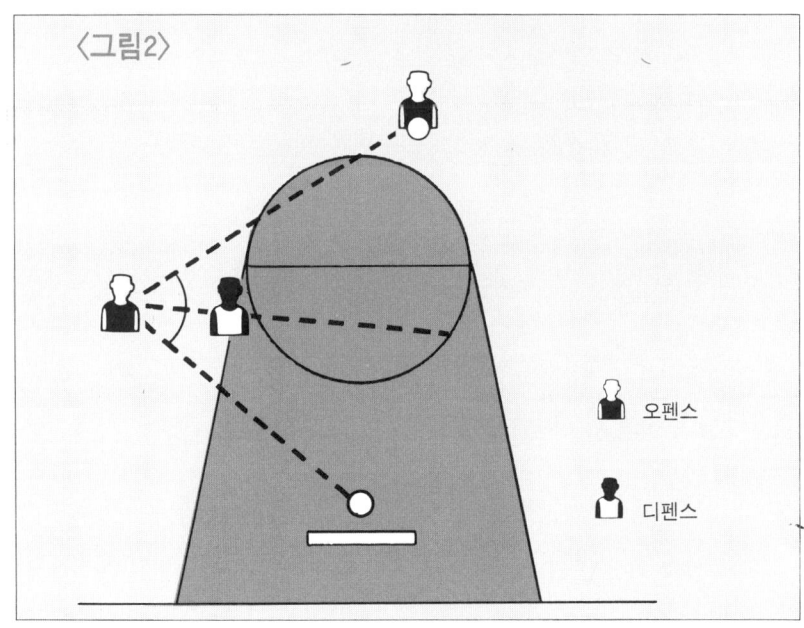

Part 5 디펜스

비전(Vision)

 비전이란 시야를 말합니다. 여기서는 어느 쪽을 향하느냐를 생각합니다. ①번 디펜스는 상대방 정면을 향합니다. 그러나 정면이라고 해서 양발을 좌우로 벌리고 완전히 정면을 향해서는 안 됩니다. 어느 한쪽 발을 앞으로 내밀어 수비하는 방법이 좋습니다. ②번의 비전은 어떨까요. 이것은 생각하기에 따라 전혀 정반대의 비전이 됩니다. 볼을 중심으로 지킬 것인가, 아니면 자기가 수비하고 있는 사람을 중심으로 지킬 것인가에 좌우됩니다.
 볼을 중심으로 하여 지키면, 백 가딩(Back Guarding)이라는 오픈 스탠스(Open Stance)가 되고, 사람을 수비하는 데 주력하면 페이스 가딩(Face Guarding)이라는 클로즈드 스탠스(Closed Stance)가 됩니다.

▲ 볼과 상대방을 동시에 볼 수 있는 위치를 골라 그 양쪽으로 팔을 벌린다.

● **백 가딩**

볼을 중심으로 수비한다.

● **페이스 가딩**

자기가 마크하는 상대방을 지킨다.

8. 오픈 스탠스와 클로즈드 스탠스.

③번 디펜스의 비전은 볼을 중심으로 할 때는 볼을 지키고 있는 디펜스를 돕는 것으로, 당연히 몸은 볼을 향하게 하고, 자기가 지키는 상대방과 볼을 가지고 있는 상대방을 향해서는 손을 들어 지켜야 합니다. 이 자세를 오픈 스탠스라고 합니다.

반대로 자기가 마크하는 선수를 중심으로 지키면, 몸은 그 선수를 향하고 볼에 등을 돌리게 됩니다. 이것을 클로즈드 스탠스라고 합니다.

이와 같이 목적에 따라 몸의 방향이 정반대가 될 수 있습니다. 원래 사람의 몸은 앞이 강하고 뒤가 약하므로 목적에 맞는 방향으로 강한 쪽인 몸의 앞을 향하는 것입니다.

③번 디펜스는 수비하는 목적이 다른 동료들에 대한 협력에 있으므로 전부 오픈 스탠스여야 합니다.

근대 농구에서는 볼 중심의 사고 방식이 강해져서 전원이 오픈 스탠스를 취하도록 되어 있으나, 먼저 자기의 상대방을 마크한다는 점에서 처음에는 클로즈드 스탠스를 사용하는 경우도 많습니다. 그러나, 이것이 버릇이 되어 ③번 디펜스의 장소에서도 클로즈드 스탠스를 취하고 있다가 돌파당한 것도 모르는 경우가 많으므로 주의합시다.

오픈 스탠스는 볼에 대해서는 서로 협력할 수 있는 반면, 수비해야 하는 상대에 대한 마크를 소홀히 하는 결점이 있고, 반대로 클로즈드 스탠스는 자기의 상대방은 잘 마크할 수 있으나 볼을 못 보게 되어 농구에서는 가장 좋지 않은 플레이가 될 수도 있습니다. 이 점에 대해서는 충분히 주의하십시오. 또 좋은 비전은 좋은 스탠스, 좋은 포지션에서 나온다는 것을 잊지 마십시오.

● 오픈 스탠스

볼을 가지고 있는 상대방을 향한다.

● 클로즈드 스탠스

마크하는 상대방을 향하고 볼에 등을 돌린다.

Part 5 BASKET BALL
디펜스

9. 동료와의 의사 소통은 구체적으로 하자.

커뮤니케이션 (Communication)

서로 연락을 주고 받으면 보다 나은 협력 관계를 만들어 강한 수비를 할 수 있습니다. 커뮤니케이션이란 서로 연락을 취하는 것을 말하는데, 보통은 말을 사용합니다.

①번 디펜스는 볼을 가진 상대방을 지키는 것이므로, '볼!'이라고 하여 동료들에게 자기는 볼을 지키고 있음을 알립니다. ②번과 ③번 디펜스는 자신의 플레이를 동료들에게 큰소리로 알립니다. 예를 들면, ①번에 대하여 뒤에서 '오른쪽이 좋다'고 알리면, ①번은 왼쪽을 중점적으로 지키는 등, 구체적으로 연락을 합니다.

경기 중에 흔히 '파이팅!' 등의 소리를 들을 수 있는데, 이러한

소리보다 구체적으로 커뮤니케이션하는 것이 바람직합니다.

로테이션 (Rotaion)

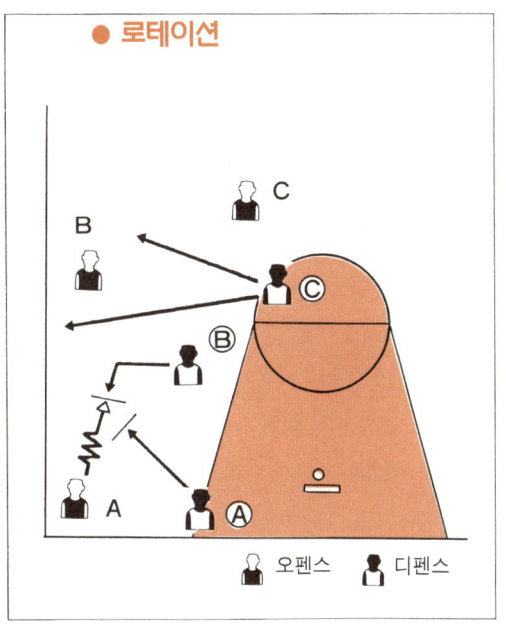

● 로테이션

수비측이 좋은 스탠스를 취하여 좋은 포지션에 서서 좋은 비전으로, 좋은 커뮤니케이션을 하여도 공격측의 이점은 여전히 살아 있습니다. ①번 디펜스가 돌파당하거나, ②번이 컷인(Cut-in)되거나 하는 경우가 생길 수도 있습니다. 상대방에 돌파당하거나 돌파당할 상황이 되었을 때, 자기편을 도우는 방법으로 마크하고 있는 선수를 교대하는 것이 있습니다. 이것을 로테이션이라고 합니다. 로테이션을 소극적으로 행하는 것을 스위치, 적극적으로 행하는 것을 스위치 업, 팀원 전원이 하는 것을 핀치 플레이라고 합니다. 핀치 플레이는 그림과 같이, 드리블하는 선수 A에 대하여 디펜스 ⓑ가 핀치하여 ⓐ와 협력하여 둘러싸고, 디펜스 ⓒ는 오펜스 B와 C 두 사람을 일시적으로 지키면서 A로부터의 패스를 노려 인터셉트하는 것입니다.

BASKET BALL

디펜스

10. 자기의 몸으로 벽을 만드는 스크린 아웃을 해본다.

스크린 아웃(Screen Out)

좋은 스탠스, 좋은 포지션과 비전, 활발한 커뮤니케이션, 로테이션 등 수비에서 필요한 것을 설명해 왔습니다. 그러나, 슛을 하고 난 후 그 슛이 빗나갔을 때 어떻게 하느냐의 문제가 남아 있습니다. 물론, 리바운드 볼을 자기편 것으로 만들어야 하는데 그러기 위해서 필요한 기술은 오펜스 플레이어를 골대에 접근시키지 않도록 자기의 몸으로 벽을 만드는 스크린 아웃입니다.

①번 디펜스의 경우는 슈터를 지켜야 하므로 슛에 대비하여 뛰어오릅니다. 단, 자기의 균형을 깨트리게 되므로 슛을 블록하려고

● 스크린 아웃

자기의 몸으로 벽을 만들어 공격수를 골대로 접근시키지 않는다.

▲ 삼각형을 만들어 각자 자기의 상대방을 스크린 아웃한다.

해서는 안 됩니다. 슈터에게 부닛치지 않노록 뛰어올라, 오른손을 든 경우 오른발부터 착지하여 상대방에 등을 돌리고 왼발을 평행으로 하여 내립니다. 그리고, 등으로 슛을 한 선수를 스크린 아웃합니다.

②번과 ③번 디펜스는 볼을 가지고 있지 않는 플레이어를 마크하고 있어 따라 잡기 어려우므로 반드시 상대방을 손가락질하십시오. 이것은 상대방 플레이어를 따라 잡기 위한 요령입니다. 오른손으로 손가락질을 한 경우, 상대방이 자기의 왼쪽으로 뛰어들려고 하였을 때에는 왼발을 축으로 하여 오른손, 오른발을 움직여 프런트 턴해서 등으로 스크린 아웃합니다. 또 오른쪽으로 뛰어들려고 하였을 때에는 일단 오른손과 오른발을 당기고, 다음에

Part 5 BASKET BALL
디펜스

오른발을 축으로 하여 프런트 턴해서 상대방을 스크린 아웃하는 것입니다.

 주의할 점은 스크린 아웃한 후, 약 2초 정도 상대방을 누르고 있어야 한다는 것과 모처럼 스크린 아웃하여도 키가 큰 상대방에게 뒤에서 머리 너머로 볼을 빼앗기지 말아야 한다는 것입니다. 그러기 위해서는 좌우의 팔을 어깨와 평행으로 들고, 팔꿈치를 굽히고 등을 펴서 이를 막도록 합니다. 또, 수비측은 안쪽에 위치하므로 트라이앵글 포지션을 취하기 쉽습니다. 팀 전체가 공격측을 스크린 아웃하는 것도 중요합니다.

● **프런트 턴하여 스크린 아웃을 한다.**

▲ 상대의 등에 몸을 대고, 왼발을 축으로 하여 프런트 턴한다.

▲ 오른손, 오른발을 이용하여 상대방 앞으로 나가 등으로 스크린 아웃한다.

팀 플레이

1. 1대 0을 목표로 아웃 넘버의 연습을 한다./138
2. 아웃 넘비의 기본은 2대 1이디./140
3. 노 마크의 자기편에게 바운드 패스를 한다./142
4. 속공에 많이 사용되는 3대 2./146
5. 볼은 미들 라인 쪽으로 운반한다./148
6. 패스 후의 움직임이 득점 기회를 만들어 준다./150
7. 상대방에게 깊이 있는 자세를 보인다./152
8. 존 모션으로 시간을 번다./154
9. 볼을 패스한 후의 움직임에는 네 가지가 있다./156
10. 패스하면서 달려가 컷인한다./158
11. 노 마크의 상태를 만드는 스크린 플레이./160
12. 상대 선수를 이용하여 노 마크의 상태를 만든다./162
13. 볼을 주고 받을 때는 반드시 피치 업으로 한다./164

Part 6 BASKET BALL
팀 플레이

1. 1대0을 목표로 아웃 넘버의 연습을 한다.

팀 플레이란 5명으로 하는 플레이를 말합니다. 3명으로 하는 것을 스킬(기술)이라고 하고, 2명 이상이 하는 것을 플레이라고 합니다. 팀 플레이를 잘하기 위해서는 스킬을 높임과 동시에 각자의 플레이를 향상시켜야 합니다.

플레이에는 공격과 수비를 같은 인원으로 행하는 노멀 넘버 플레이(Normal Number Play)와 인원수가 맞지 않는 아웃 넘버 플레이(Out Number Play)가 있습니다. 공격 팀 플레이의 기본은 5대5의 노멀 넘버로부터 1대0의 아웃 넘버를 끌어내려는 것입니다. 따라서 노멀 넘버의 연습을 하기 전에 아웃 넘버의 연습을 많이 하여 아웃 넘버가 되면 반드시 득점으로 연결할 수 있는 자신을 갖도록 하여야 합니다. 이 자신을 가질 수 있게 되면 노멀 넘버의 연습을 하는 경우에도 어떡하든 아웃 넘버를 만들려는 의식이 강하게 나와 목표를 가진 연습을 할 수 있게 되는 것입니다.

아웃 넘버의 연습에는 여러 가지 조합이 있지만, 실제로 도움이 되는 연습 방법은

▲ '둘, 하나' 라고 소리가 나오면 성공

● 아웃 넘버 (3 대 2)

3대2와 2대1의 두 가지에 한정되어 있는 것 같습니다. 이때 어느 연습 방법을 택하더라도 1대0을 목표로 해야 합니다. 그리고, 1대0이 되면 이제 남은 것은 슛밖에 없습니다. 즉, 노멀 넘버에서 1대0의 아웃 넘버를 노리는 오펜스의 연습에서는 슛의 연습이 가장 중요합니다.

 1대0의 연습은 스킬로서 몸에 익히고, 2대1에서 1대0으로 하는 방법과 3대2에서 2대1, 1대0으로 하는 방법을 몸에 익히도록 합시다.

Part 6 BASKET BALL
팀 플레이

2. 아웃 넘버의 기본은 2 대 1이다.

2 대 1 ①

아웃 넘버 플레이 중에서도 이 2대1의 플레이가 가장 기본이 된다고 할 수 있습니다. 경기 중에서도 2대1의 상황이 펼쳐지는 것을 자주 볼 수 있는 것으로 보아 2대1로 하여 슛을 하는 비율이 상당히 높은 것 같습니다.

연습은 다음 그림의 방법이 가장 좋다고 생각됩니다. 디펜스 Ⓐ가 볼을 가지고 오펜스 B, C에 접근하면서 어느 쪽으로 패스하여 2대1의 상태를 만들어 주면 B, C는 볼을 받은 그 순간부터 바로 공격을 하면 됩니다.

가령, B에 패스하였다고 생각해 봅시다. B는 볼을 받은 순간부터 아웃 넘버 2대1인 것을 확인하여야 합니다. 그 때문에 '2, 1'이라고 큰 소리를 내고, C도 동시에 '2, 1'이라고 소리를 지릅니다. 소리를 지르는 것은 머리 속만의 확인을 동작의 확인으로 바꾸어 줍니다.

예를 들면 지하철의 운전수는 '건널목 주의'라고 소리를 냄과 동시에 손가락 동작으로 다시 한 번 확인합니다. 이것은 자신에게 확인을 시켜줄 뿐만 아니라 자기 팀에게 알려줄 수도 있는 커뮤니케이션이 됩니다.

다음에 생각할 것은 어떻게 아웃 넘버되어 있느냐입니다. 확인 방법으로 효과적인 수단은 볼 라인과 미들 라인을 생각할 수 있습니다.

볼 라인이란, 볼을 가진 위치의 엔드 라인과 평행한 라인을 말하는데, 그림에서 보면 센터 라인상에 볼을 가진 오펜스가 있으

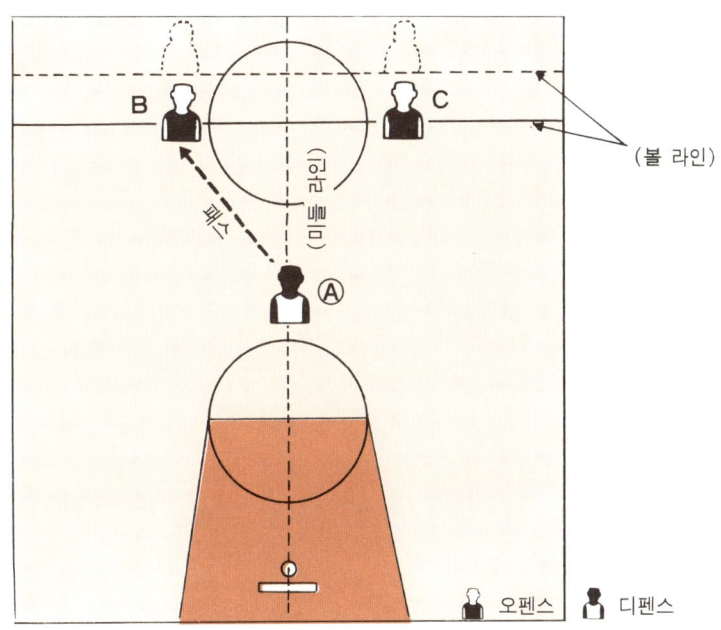

므로 센터 라인이 볼 라인이 됩니다. 이 볼 라인을 기준으로 생각해 보면, Ⓐ는 B와 C의 둘을 상대로 하므로, 2대1이 됩니다.

 미들 라인이란 골대와 골대를 연결한 라인입니다. 이 경우, 미들 라인상에 디펜스가 있으므로, Ⓐ와 C의 관계를 보면, 서로 1대1이 됩니다. 즉, 미들 라인만으로 생각하면 아웃 넘버는 아닌 것입니다.

Part 6 팀 플레이

BASKET BALL

3. 노 마크의 자기편에게 바운드 패스를 한다.

2 대 1 ②

그러면 볼을 받은 B는 '2, 1'이라고 소리를 내면서 무엇을 하면 좋을까요. 볼 라인보다 앞에 2대1의 아웃 넘버가 되어 있으므로, 먼저 슛을 생각해야 합니다. 그러나, 그 장소에서 슛해서는 너무 멀기 때문에 성공할 확률이 낮습니다. 이때 패스하는 것은 좋지 않고 보통은 드리블을 합니다. 좋은 상태란 1대0의 상태를 말합니다. 그러기 위해서 오펜스 C는 B가 볼을 받은 순간에 최고 속력으로 달려서 디펜스 Ⓐ보다 골대 가까이에 가도록 해야 합니다.
B는 그림과 같이 골대를 향해 똑바로 드리블하여 골대를 노려

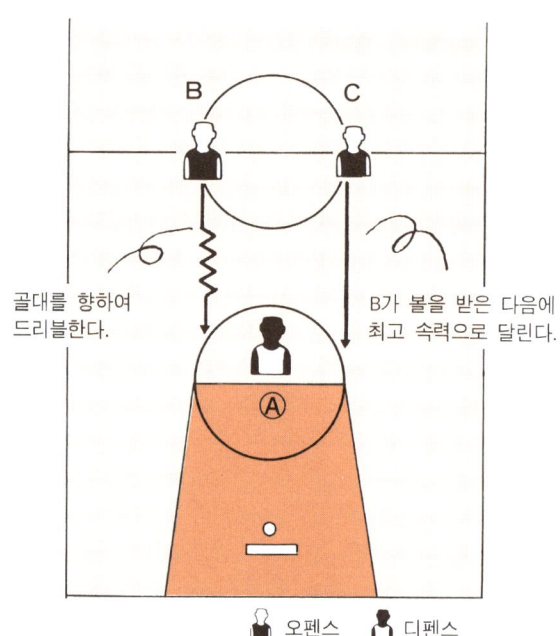

골대를 향하여 드리블한다.

B가 볼을 받은 다음에 최고 속력으로 달린다.

오펜스 　 디펜스

▲ 여기서 패스가 연결되면 바로 득점이 된다. 이런 때에는 반드시 바운드 패스를 한다.

야 합니다. 그러면 디펜스는 그 코스로 들어가서 수비할 것입니다. 따라서 수비하기 전에 B는 먼저 슛을 노려야 하고, 이내 패스를 생각해서는 안 됩니다. 약간이라도 패스할 마음을 가지면 디펜스가 그것을 알아차려 대비하게 됩니다. 만약 디펜스가 밀착해 오면 그때 비로소 C에게 패스합니다. 여기서 중요한 것은 모처럼 C가 노 마크되어 있으므로 정확히 패스하여 높은 확률로 득점을 올리는 것입니다. 이때 실패하게 되는 것은 체스트 패스와 오버 헤드 패스를 사용하기 때문입니다. 이 경우에는 사이드 핸드에 의한 바운드 패스가 가장 좋습니다. 그것도 발을 크게 한 걸음 내딛고, 원 핸드로 합니다. 이때 C에 대하여 '슛'하고 소리를 지르는 것을 잊지 마십시오. 소리를 지름으로써 C는 슛할 것을 결심하게 되고 득점할 확률이 높아질 수 있습니다.

Part 6 BASKET BALL
팀 플레이

①

②

③

① '2대1'로 힘차게 골대 밑으로 드라이브인해 간다.
② 자기쪽으로 마크맨이 접근하면, 패스의 자세를 취한다.
③ 실수를 하지 않기 위해서는 사이드 핸드로 발을 내디딘 패스가 가장 좋다.
④ 오른발과 오른손을 내밀면서 패스가 끝난 장면. 이후 왼쪽으로 달려간다.
⑤ 슛의 직전. 패스한 사람은 리바운더가 된다.

BASKET BALL
팀 플레이

4. 속공에 많이 사용되는 3대 2.

3대 2 ①

 2대 1이나 3대 2의 공방은 속공의 연습에도 이용되는데, 3대 2를 더 많이 연습하고 있습니다. 농구의 기술이 진보됨에 따라 공격 시간이 한정되어 있는 오늘날에는, 아웃 넘버의 연습은 시간을 고려해서 해야 합니다. 아웃 넘버된 상태는 수비측의 노력에 의하여 단시간에 노멀 넘버로 되돌아가 버리기 때문입니다. 처음부터 끝까지 아웃 넘버만의 연습만 하면, 그 상태에 익숙해져 버리므로 주의합시다.

 먼저, 그림과 같이 나란히 서서 중앙의 오펜스 B가 볼을 가진 상태에서 시작합니다. 이미 3대 2로 되어 있는 것을 알고 있더라도 오펜스 A, B, C는 '3, 2'라고 소리를 내고 시작합니다.

 디펜스는 평행으로 서 있는데 그것은 수비의 원칙으로 오펜스에 아웃 넘버 당하면 존 디펜스(전원이 형태를 갖춘 지역 수비)를 함으로써 수비의 형태를 될 수 있는 대로 상대방에게 크게 보이기 위한 것입니다. 그러나, 실제로는 볼에 대하여 세로로 나란히 서는 쪽이 좋으므로 처음에는 이러한 형태에서 상대방이 가까이 오

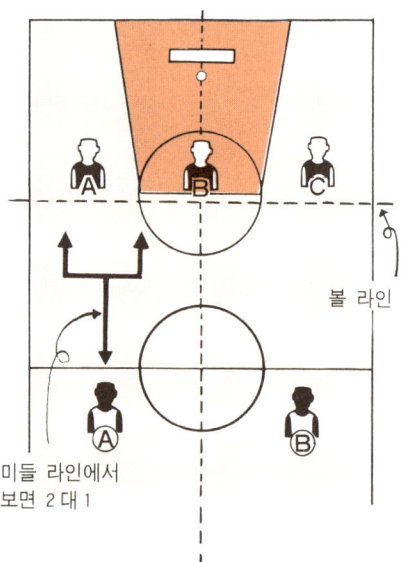

볼 라인

미들 라인에서 보면 2대 1

▲ '5 대 5'에서 '3 대 2'로 만드는 것이 공격의 제1목표이다.

면 세로로 섭니다.

볼을 가진 B에서 아웃 넘버를 생각해 봅시다. 골대를 향하여 볼 라인에서 보면 3대 2입니다. 골대와 골대를 연결한 미들 라인에서 보면, AB측이 2대 1, BC측도 2대 1입니다. 공격할 때에 B선수는 이것을 꼭 머리에 넣어 둡니다. 그리고 자기의 앞은 골대까지 일직선으로 비어 있으므로, 상대방의 수비에 막힐 때까지 스피드를 내어 드리블하면서 전진하도록 합니다.

5. 볼은 미들 라인 쪽으로 운반한다.

3대 2 ②

볼을 가진 B가 A나 C에게 패스를 하여 시작하는 경우가 있으나 이것은 좋은 방법이 아닙니다. A에게 패스한 경우를 생각해 보면, 볼 라인이 B에서 A로 바뀌기 때문입니다. B에서 보면 3대 2였던 볼 라인이 A로 바뀜으로써 오펜스 A, C 대 디펜스 Ⓐ, Ⓑ 즉, 2대 2의 상태가 되는 것입니다.

3대 2는 아웃 넘버이지만, 2대 2는 노멀 넘버입니다. 이것으로 B의 드리블이 가장 좋은 방법이라는 것을 알 수 있을 것입니다. A에게 패스하여도 즉시 B에게 패스하면 같지 않느냐고 생각할지

〈그림 1〉　　　　　〈그림 2〉

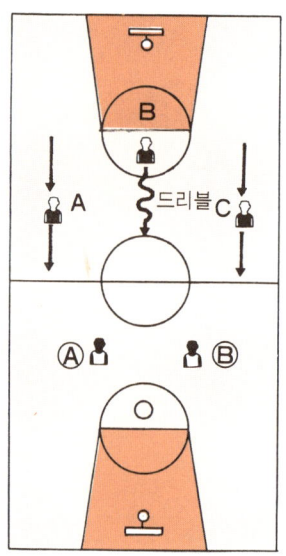
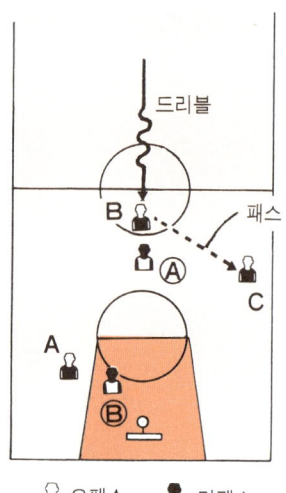

모르나 패스가 많으면 실책도 많아지므로 될 수 있는 대로 간단히 플레이하는 것이 좋습니다. 또 볼은 미들 라인 부근에 운반하라는 원칙이 있으므로 거기에 따르도록 합니다. 또 미들 라인 쪽으로 드리블하면, 디펜스는 좌우 두 곳의 방향을 지켜야 하지만, 양 사이드 쪽으로 드리블하면 한 방향만 지키면 되므로 디펜스를 편하게 만들어 주게 되는 것을 잊지 마십시오. B의 드리블 라인에 의해 수비가 변화하는 것입니다.

▲ 오른쪽의 선수가 노 마크

〈그림 2〉를 보아 주십시오. 볼 라인 B보다 앞은 3대 2인데, 디펜스 Ⓐ의 접근에 의하여 패스를 하면 보다 유리한 상태가 생깁니다. 그러면 어느 쪽으로 패스하면 좋을까요. C에게 패스해야 합니다.

패스에 의하여 새로 생긴 볼 라인 C보다 앞은 2대 1인데, 미들 라인을 생각하면 1대 0입니다. 그러나 A에 패스하면, 새로 생긴 볼 라인 A보다 앞은 1대 1이 되고 미들 라인은 1대 1이 됩니다.

1대 1과 1대 0을 비교하면, 어느 쪽이 유리한가는 말할 필요도 없습니다. 그러나, 이 경우 A에게 패스하는 경우를 많이 볼 수 있는데, 그 때문에 실수가 많아지므로 주의합시다.

Part 6 BASKET BALL
팀 플레이

6. 패스 후의 움직임이 득점 기회를 만들어 준다.

3 대 2 ③

아웃 넘버 플레이는 경기 중에 생기는 여러 가지 유리함을 고려하여 무엇에 대하여 아웃 넘버되어 있느냐를 아는 것이 중요합니다. 거기에는 볼 라인, 미들 라인 등이 관계되어 있다는 것을 이제 알았을 것입니다.

3대2로 볼 라인과 미들 라인을 생각하면, 최종적으로는 〈그림 1〉과 같은 상태가 생깁니다. 볼을 가지고 있는 B가 A에게 패스하였을 때, A의 볼 라인보다 앞은 2대1이고, 미들 라인은 1대 0이 됩니다. 그러므로 A에게 패스하는 것이 좋습니다. A가 슛하기 위하여 드리블해 가면, 디펜스 Ⓑ의 수비에 부딪칩니다.

보통의 상태에서 B는 패스한 후, 될 수 있는 대로 볼을 가지고

〈그림 1〉   〈그림 2〉

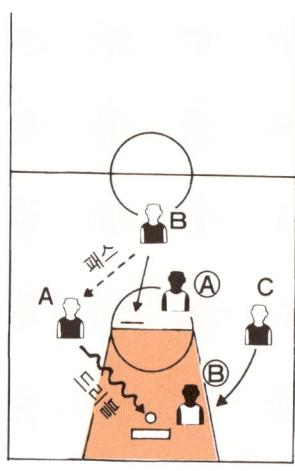
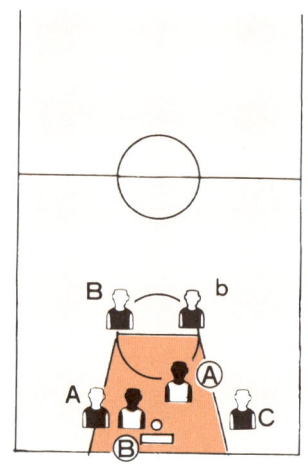

오펜스   디펜스

있는 A로부터 떨어져 있는 것이 좋다고 되어 있지만, 항상 그렇다고는 할 수 없습니다. 이 경우, 볼을 가지고 있는 A에 대하여 디펜스 ⒷC가 밀착하게 되면 다른 오펜스 B, C에 대하여 Ⓐ 한명이 디펜스하게 되어 〈그림 1〉과 같이, B가 디펜스Ⓐ 쪽의 프리 스로 라인 상에 접근하면, Ⓐ 혼자서는 지킬 수

▲ 중앙의 선수에게 리턴 패스

없게 됩니다. 즉, B와 C의 거리는 약 7m정도인데, 디펜스의 수비폭이라고 하는 약 5m를 넘기 때문에 Ⓐ선수 혼자서는 무리입니다.

그러나, 아웃 넘버를 잊어버리고, 〈그림 2〉와 같이 B가 A에게 패스한 후, b의 위치로 가면, b와 C의 거리는 5m 정도가 되어, 디펜스 Ⓐ가 혼자서 지킬 수 있게 됩니다. 모처럼의 3대2가 A 대 Ⓑ, bC 대 Ⓐ라는 상태가 되어 불리하게 되는 것입니다.

패스한 후에 볼 사이드에 접근하느냐, 또는 떨어지느냐에 따라 유리하게 되거나 불리하게 되는 것입니다.

BASKET BALL

팀 플레이

7. 상대방에게 깊이 있는 자세를 보인다.

농구의 공격측은 공격의 목표로서 '어떻게 하든 아웃 넘버를 만들고 싶다.'고 항상 생각하고 있습니다. 그러면 수비측은 아웃 넘버가 되면 어떻게 하면 좋을까요. 그것은 일시적으로 존 디펜스로 지키는 것입니다. 아웃 넘버가 되었을 때의 존 디펜스는 정식 존 디펜스라고는 하지 않습니다. 그래서 기본적인 존 디펜스를 알 필요가 있습니다. 그것은 〈그림 1〉에 표시되어 있습니다.

당신이 볼을 가지고 혼자서 공격하려 한다고 합시다. 그것을 막기 위해 수비측이 가령 일직선으로 세로로 나란히 섰다면 어떨까요. 당신은 어떻게든 공격하려고 할 것입니다. 그러나 공격하자마자 5겹의 수비가 있기 때문에 간단히 포위당해 버릴 것입니다. 그러면 가로로 일직선으로 나란히 있는 상대방에 대해서는 어떨까요. 좀처럼 공격할 마음이 생기지 않겠지요. 그러나 어딘가를 돌파하면 그 뒤는 노 마크 상태입니다. 존 디펜스란 이러한 2중의 생각으로 만들어져 있습니다. 상대방에 대하여 큰 자세를 보임과 동시에 될 수 있는 대로 깊이가 있는(차례차례로 도울 수 있는) 위치를 취하는 것입니다. 존 디펜스는 두 겹으로 지키는 2-3형(그림 2)과 3-2형(그림 3), 세 겹으로 지키는 2-1-2형(그림 4)과 1-2-2형(그림 5) 및 1-3-1형(그림 6)의 다섯 가지입니다. 여기서 2-3형과 2-1-2형, 3-2형과 1-2-2형이 보통이고, 1-3-1형만이 약간 특수한 수비 방법이라고 할 수 있습니다. 여러분도 이 존 디펜스를 사용할 때에는 앞에서 말한 사고방식을 잊지 않도록 합시다.

〈그림 1〉

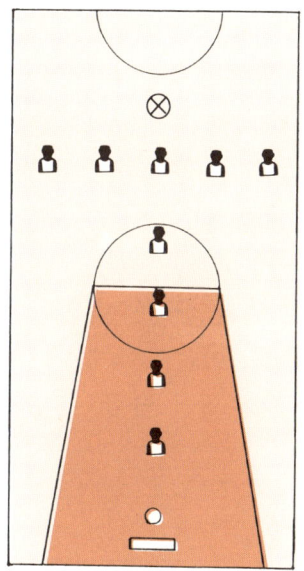

〈그림 2〉 2-3형

〈그림 3〉 3-2형

〈그림 4〉 2-1-2형

〈그림 5〉 1-2-2형

〈그림 6〉 1-3-1형

BASKET BALL

팀 플레이

8. 존 모션으로 시간을 번다.

그러면 수비측이 아웃 넘버가 되어 아무래도 존 디펜스를 사용하지 않으면 안 되게 되었을 때, 어떻게 지켜야 하는지를 설명하겠습니다. 기본적으로 2대 1과 3대 2의 상황을 생각하여 봅시다.

〈그림 1〉의 ＡＢ 오펜스에 대하여 디펜스 ⓒ는 아웃 넘버가 된 상태입니다. 이 경우, ⓒ의 마크맨이 볼을 가지고 있는 A이므로 자기는 A를 지킬 책임이 있다고 하여 A를 맨 투 맨으로 지킨다면 어떻게 되는지 쉽게 알겠지요. 달려들어온 B에게 패스되면 B는 아무도 지키는 사람이 없게 되어 여유있게 슛할 수 있습니다.

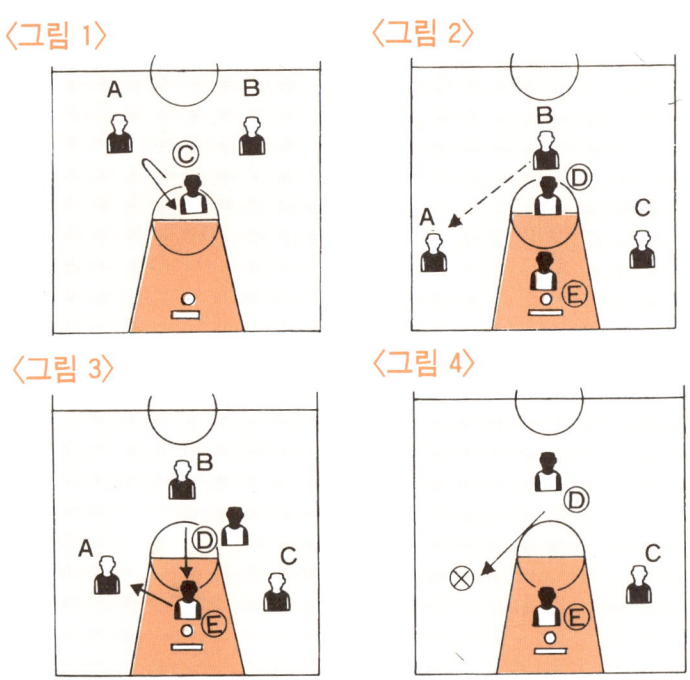

또, 반대로 B가 마크맨이라고 하여 B를 마크하면, 볼을 가지고 있는 A는 그대로 드리블하여 쉽게 슛해 버립니다. 이와 같이 2대 1의 아웃 넘버가 된다면 ⓒ에게는 A와 B 양쪽을 지킬 책임이 생기는 것입니다. 따라서 ⓒ는 A와 B에 대하여 나갈 듯 하면서 나가지 않고, 물러설 듯 하면서 물러서지 않는 어중간한 동작을 합니다.

이러한 동작을 존 모션이라고 하는데, 이 존 모션으로 자기편 플레이어가 정상 수비로 되돌아오기 위한 시간을 버는 것이 디펜스 ⓒ의 임무입니다.

3대 2의 수비 방법도 기본적으로는 2대 1일 때 ⓒ의 수비 방법과 같다고 생각하면 됩니다. 〈그림 2〉와 같이 위치하고 있었다고 합시다. 볼을 가지고 있는 B는 ⓓ가 자기를 마크하고 있으므로 A에게 슛을 시키려고 패스합니다.

이 경우, 〈그림 3〉과 같이 A를 ⓔ가 나서서 지키는 것이 좋은지, 〈그림 4〉와 같이 ⓓ가 달려가서 막고 ⓔ는 움직이지 않는 쪽이 좋은지 하는 문제가 생깁니다. 이때는 될 수 있는 대로 〈그림 4〉와 같이 움직이고 부득이한 때에만 〈그림 3〉과 같이 움직입니다. 수비의 중심 역할을 하는 ⓔ는 두 명 이상을 대상으로 존 모션을 할 때에는 될 수 있는 대로 골대 밑을 비우지 않는 것이 중요합니다. 이유는 가장 쉽게 슛할 수 있는 골대 밑을 비우지 않기 위해서입니다. 어쩔 수 없이 슛을 주게 될 바에는 골대로부터 먼 곳에서 확률이 낮은 슛을 하게 하는 것이 좋습니다.

BASKET BALL
팀 플레이

9. 볼을 패스한 후의 움직임에는 네 가지가 있다.

노멀 넘버란 오펜스와 디펜스의 수가 같은 상태를 말합니다. 경기에서는 5대 5의 노멀 넘버에서 어떻게 하면 1대 0이라는 유리한 아웃 넘버로 만들 수 있느냐가 관건이 됩니다.

노멀 넘버의 연습에서는 2대 2와 3대 3이 많이 사용되고 있습니다. 여기서는 그 전 단계인 플레이어가 어떻게 움직여야 하는지에 대해 설명합니다.

경기에서는 볼을 갖고 있지 않은 사람 이외에 4명의 플레이어가 있습니다. 경기 중에 한 사람이 볼을 갖고 있는 시간은 중학생은 3분, 고등학생 이상에서는 4분 정도밖에 되지 않는데, 전체 경기 시간에 비추어 보았을 때 공을 갖고 있는 시간보다 공을 갖

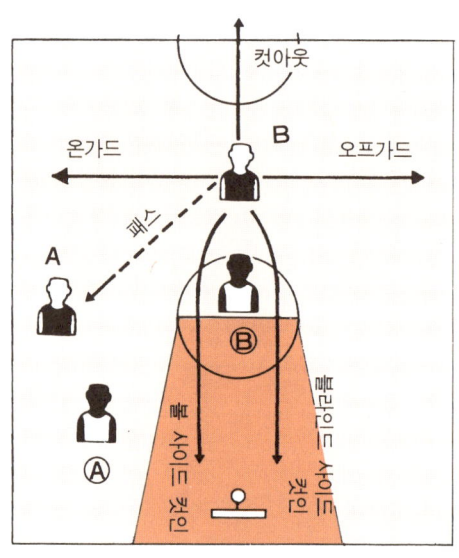

고 있지 않은 시간이 훨씬 더 긴 것입니다. 이 점을 생각해 보면 공을 갖고 있지 않은 상태에서의 플레이가 얼마나 중요한지 알 수 있을 것입니다. 이것은 공을 갖지 않은 플레이의 중요함을 강조하는 것입니다. 여기서는 그림과 같이 공을 가지고 있는 B가 패스한 후 네 곳의 방향으로 움직이는 것을 설명합니다.

① A에게 패스한 후 골을 향하여 달리는 것을 컷인 플레이라고 합니다. 볼 사이드 Ⓐ쪽으로 달리는 것을 볼 사이드 컷인, 반대쪽 디펜스의 안쪽으로 달리는 것을 블라인드 사이드 컷인이라고 합니다.

② 이것에 비해 골과 정반대 방향으로 달리는 것을 컷아웃(Cut-out)이라고 합니다. 이 그림에서의 컷아웃은 플레이로서는 전혀 의미가 없는 움직임이지만 이것이 골 가까이서 행해진다면 디펜스를 끌어내는 데에 도움이 됩니다.

③ 패스한 A에게 가까이 가는 움직임을 온가드(On-guard)라고 하며, 이것은 뒤에서 설명할 아웃사이드 스크린에 사용됩니다. 그러나 일반적으로는 B의 수비 가드가 따라오게 되고, 또 그 가드가 A를 수비하는 가드와 협력하여 더블 팀을 시도하면 수비에 갇힐 위험이 있으므로 좋은 플레이라고 할 수 없습니다.

④ 반대로 공에서 멀어져 가는 움직임을 오프가드(Off-guard)라고 합니다. 노멀 넘버의 공격에서는 공을 가지고 있는 사람에게 공격을 할 수 있도록 넓은 장소를 주게 되므로 '패스하면 컷인하든가 오프가드하라'고 할 정도로 중요한 움직임입니다.

Part 6 BASKET BALL
팀 플레이

10. 패스하면서 달려가 컷인한다.

기브 앤드 고(Give and Go)

패스를 한 플레이어는 그 자리에 서 있지 않고 네 방향으로 움직이므로써 더 좋은 공격을 할 수 있습니다. 골대를 향하여 컷인 하는 플레이를 '패스 앤드 고(Pass and Go)'라든가 '패스 앤드 런(Pass and Run)', '기브 앤드 고(Give and Go)' 등이라고 말하는데 여기서는 기브 앤드 고를 사용하겠습니다.

〈그림 1〉을 보아 주십시오. 볼을 패스한 A가 볼 사이드를 컷인 한 장면입니다. 여기서 중요한 것은 패스하면서 달려간다는 것입니다. ①번 디펜스는 처음에 볼을 갖고 있는 A를 지키는 경우, ①번 디펜스로서 지키고 있다가, 패스된 순간에 ②번 디펜스가 되어 그 포지션으로 이동합니다. 패스한 다음에 달려가면, 패스를 한 순간에 이미 ③번 디펜스 포지션으로 이동하고 있기 때문에 수비를 돌파하기 어렵게 됩니다. 그 때문에 패스하면서 달려가야 하는 것입니다.

농구는 어떤 플레이를 하더라도 항상 다음에 어떤 일이 일어나

〈그림 1〉 〈그림 2〉 〈그림 3〉

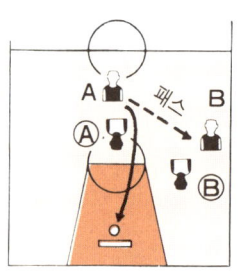
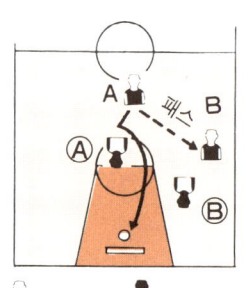
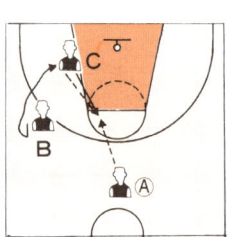

■ 오펜스   ■ 디펜스

는가를 생각하고 있어야 합니다. 상대방이 수비 위치로 가서 지키게 해서는 효과가 없는 것입니다. 그래서, 컷인 플레이도 패스를 하면서 달려가야 하는 것입니다.

〈그림 2〉와 같이 A가 B에게 패스한 후, 볼 사이드의 반대쪽인 블라인드 사이드로 컷인하는 것처럼 보이게 하고 볼 사이드 컷인을 노리는 경우가 있습니다. 이것은 페인트라고 하여 상대방을 속이는 동작인데, 예전에는 이 방법을 사용했습니다. 그러나, 잘 생각해 보면 패스를 한 후, ②번의 포지션으로 이동하는 디펜스에 대하여, 이러한 움직임은 효과가 없을 뿐만 아니라 도리어 늦어져서 불리합니다. 현대 농구에서 컷인은 패스를 하면서 스피드를 내어 단번에 컷하는 것이 중요합니다.

백도어 플레이(Backdoor Play)

공을 가진 A에게서 공을 받으려고 하는 B를 디펜스가 적극 마크하여 공을 패스할 수 없는 장면을 종종 보게 됩니다. 이러한 경우에는 플레이하고 있는 당사자와 관계없는 플레이어, 즉 〈그림 3〉에서는 C가 갑자기 포스트로 나와 A에게서 패스된 공을 받습니다. 이때 비어 있는 골 밑으로 다시 B가 뛰어들어 C로부터 비하인드 더 백 패스를 받아 슛하는 플레이를 펼칩니다. 이것을 바로 백도어 플레이라고 합니다. 컷인 플레이와 똑같이 중요한 플레이의 하나로 팀 플레이로서만 습득할 수 있는 플레이입니다.

Part 6 BASKET BALL
팀 플레이

11. 노 마크 상태를 만드는 스크린 플레이.

스크린 플레이 (Screen Play)

스크린 플레이란 자기나 자기 팀, 그리고 상대방 팀의 모든 플레이어를 이용해 수비의 길목을 막도록 유도하여 노 마크의 상태를 만드는 플레이를 말합니다.

스크린 플레이는 크게 두 가지로 나뉘어집니다. 첫 번째는 인사이드 스크린이고, 또 하나는 아웃사이드 스크린입니다. 그리고 각각 볼을 가진 사람을 중심으로 하여 스크린하는 것과 볼을 가지고 있지 않은 사람만으로 스크린하는 것으로 나뉘어집니다.

인사이드 스크린 (Inside Screen)

〈그림 1〉과 같이 공을 가지고 있는 A는 B에게 패스하고, B의

● 스크린 플레이

▲ 자기편이나 상대방 팀을 이용하여 노 마크 상태를 만든다.

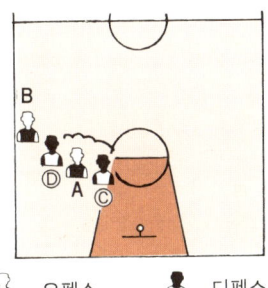

디펜스인 ⑩에 대하여 스크린에 들어갑니다. 인사이드 스크린에는 그 위치에 따라 명칭이 있습니다. 앞으로부터의 프런트, 옆으로부터의 사이드, 뒤로부터의 백이 그 명칭으로, 이 경우 사이드 스크린에서 디펜스 ⑩와 엔드 라인이 병행한 위치에 들어갑니다.

〈그림 2〉는 다음의 변화와 같습니다. 공을 가지고 있는 B는 A의 스크린을 이용하여 드라이브인합니다. 이때 자신의 수비인 ⑩를 스크리너 A에게 떠넘기는 듯한 기분으로 드라이브인하면 좋을 것입니다. 만약 A의 마크맨 ⓒ가 이 드라이브에 스위치해 오면 A는 즉시 골 밑으로 뛰어들어가 컷 어웨이를 행하고, B로부터 패스를 받아 슛합니다. 이때 B의 디펜스 ⑩가 자신에게 스위치해 오므로 볼 사이드에 들어가지 않도록 단단히 블록해야 합니다.

Part 6 BASKET BALL
팀 플레이

12. 상대 선수를 이용하여 노 마크의 상태를 만든다.

아웃사이드 스크린 (Outside Screen)

그림과 같이 B가 A에게 패스하고, 그 볼을 쫓아 달려가서 볼을 가진 A와 그 디펜스 Ⓐ를 이용하여 자기를 마크하고 있는 Ⓑ를 뿌리치고 A로부터 볼을 받는 플레이를 아웃사이드 스크린이라고 합니다. 인사이드 스크린은 볼을 받거나 돌파하려는 자기편 플레이어의 디펜스에 다른 동료가 방해하러 가는 데 비해, 아웃사이드 스크린은 자기가 다른 사람을 이용하여 자기의 수비를 따돌리고 노 마크를 만드는 것입니다.

어려운 것은 볼을 건네 주는 것인데, 그림은 달려가고 있는 B에게 볼을 가지고 있는 A가 건네 주는 장면입니다. 건네 주는 방법으로 가장 쉬운 것은 피치 업입니다. 이것은 손가락만을 사용하여 볼을 튕겨 올려 패스하는 것으로 결코 팔을 사용해서는 안 됩니다. 뒤의 디펜스가 알아차리고 스위치(교환) 디펜스를 하기 때문입니다.

디펜스 Ⓑ가 A와 B사이에 들어온 경우, A는 골대를 등지고 볼을 갖고 있으므로, 왼발을 축으로 하여 프런트 턴하여 Ⓑ를 자기의 등으로 스크린하여야 합니다. 또 Ⓑ가 A와 Ⓐ의 사이에

● 아웃 사이드 스크린

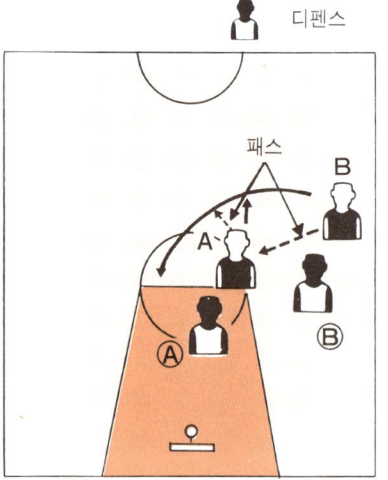

▲ 볼을 주고 받음은 손가락 끝의 피치 업으로 한다.

들어와서 지키려고 하였을 때에는, A는 오른발을 축으로 하여 백 턴을 하여 Ⓑ를 막습니다. 디펜스 Ⓑ는 이 밖에 Ⓐ의 뒤를 지나 앞지르는 수가 있는데, 이 코스를 지나면, B는 A의 앞에서 정지하여 슛을 노리므로 좋은 플레이는 아닙니다. 만약 디펜스 Ⓑ가 그 코스를 지나가면 A는 B에 피치 업하여 스톱 슛을 시키거나 오른발을 축으로 하여 왼발을 골대 쪽으로 프런트 턴하여 왼쪽으로 바운드 패스를 합니다. 리버스 턴을 행하는 수비의 스위치에 대해서는 각각의 건네는 방법을 통해 컷 어웨이를 이용합니다.

Part 6 BASKET BALL
팀 플레이

13. 볼을 주고 받을 때는 반드시 피치 업으로 한다.

러닝 스크린(Running Screen)

여러분이 경기 중에 비교적 잘할 수 있는 것이 이 러닝 스크린입니다. 러닝 스크린에는 두 종류가 있는데, 서로 달려가면서 교차하여 디펜스가 서로 부딪치도록 하는 것이 있고, 드리블하고 있는 플레이어와 달려가면서 교차하는 드리블 스크린이라는 방법이 있습니다.

연습 방법으로서는 그림과 같이 코너에 2조로 나누어서, 처음에는 A가 드리블하여 프리 스로 라인으로 진행하고, 거기에 B가 달려가서 A로부터 볼을 받고, 그 다음에는 차례 차례로 달려나와 러닝 스크린을 합니다. 러닝 스크린은 볼을 주고 받는 것이 중요하므로 차분히 정확히 플레이하여야 합니다. 볼을 건네 주는 플

● 러닝 스크린의 연습

볼을 넘겨 주는 사람은 골대 쪽, 받는 사람은 바깥쪽이라는 약속을 반드시 지키자.

▼ 점프 슛한다.

▲ 볼은 피치 업으로 넘겨 준다.

◀ 공중에서의 볼은 받기 쉽다.

레이어는 골대 쪽, 볼을 받는 플레이어는 바깥쪽이라는 약속을 반드시 지켜 플레이하지 않으면 부상의 원인이 됩니다. 또, 주고 받는 것은 피치 업 이외의 방법으로 하여서는 안 됩니다. 팔을 사용하여 던지면 가속도가 붙어서 위험하게 됩니다. 반드시 볼을 띄워서 달려드는 방법으로 하십시오. 마치 프리 스로 라인상에 볼이 떠 있어서 각 플레이어가 가볍게 닿는다고 생각하면 좋을 것입니다.

드리블 스크린 (Dribble Screen)

러닝 스크린을 할 수 있게 되었으면, 이번에는 볼을 받아서 드리블하는 드리블 스크린을 합니다. 이것은 시간을 조절하는 것이 어렵습니다. 달려나오는 타이밍을 늦추는 것과 드리블에 사용하

BASKET BALL
팀 플레이

는 시간을 잘 계산해야 합니다. 또 드리블은 무릎 아래에서 낮은 드리블을 하도록 합니다.

볼이 없는 스크린 (Screen without Ball)

현대 농구에서는 직접 공을 다루지 않는 장소에서도 스크린이 많이 이용됩니다. 이것은 모션 오펜스라고 하여, 공을 가지고 있지 않은 플레이어의 움직임이 그 일련의 플레이의 구성 방법을 좌우하는 경우가 많아지고 있습니다.

여기에는 베이스 라인 인터체인지와 다운 스크린 등의 여러 가지 방법이 있으나 문제는 공이 없는 장소에서 일어나기 때문에 디펜스가 직접 당하고 있다는 것을 좀처럼 느끼지 못한다는 것입니다.

3점 슛 제도가 생기고 난 이후에는 점점 이 스크린의 이용이 증가되고 있습니다.

첫 번째 포인트는 스크리너가 움직이지 않는 것입니다.

두 번째 포인트는 비록 인사이드 스크린인 경우에도 스크린은 아웃사이드 스크린의 감각으로 행해야 한다는 것입니다.

세 번째 포인트는 이중 스크린과 커튼 플레이 등 복잡한 스크린이 더욱 효과적이라는 것입니다.

7

포메이션과 룰

1. 포지션을 정하여 코트를 넓게 사용하자./168
2. 5명이 움직이도록 조직된 플레이가 이상적이다./170
3. 약속된 팀 플레이를 해보자./172
4. 연속적인 공격을 위한 움직임./174
5. 빠르게 플레이할 수 있도록 연습하자./176
6. 의외로 활용할 곳이 많다./178
7. 밖으로부터 패스할 때의 대응방법./180
8. 당연한 플레이를 확실히 하자./182
9. 서로의 실수를 메워 주며 활기차게 플레이하자./184
10. 점프하면 볼을 가진 채 착지 할 수 없다./186

BASKET BALL

포메이션과 룰

1. 포지션을 정하여 코트를 넓게 사용하자.

 자, 이제부터 실전 경기입니다. 팀당 5명씩, 10명이 코트 위에서 승패를 겨루는 것인데, 멋있는 경기를 펼치려면 어떤 점들에 유의하면 좋을까요.

 첫째는, 코트를 크고 넓게 사용하는 것입니다. 코트의 크기는 일정하지만, 그것을 사용하는 플레이어가 시야를 넓게 가지고 플레이하면 코트를 크고 넓게 사용할 수 있습니다. 볼이 자기편 소유가 되면 먼저 상대방의 골대를 봅시다. 그렇게 하면, 코트 전체를 돌아보게 됩니다.

 볼을 자기의 것으로 만든 후 즉시 자기편의 플레이어를 찾는 사람이 있는데, 이것은 코트를 넓게 사용할 수 없게 되는 원인이 됩니다. 일단 멀리 있는 골대를 보고, 거기에서 차례로 자기쪽으로 시야를 옮겨 옵니다. 자기편이 상대 선수보다 앞서서 달리고 있으면, 거기에 롱 패스를 하여 속공을 노립니다. 패스할 자기편의 플레이어가 없으면 자기가 드리블로 전진하여 골대에 다가갑니다. 문제는 여기서부터입니다.

 코트를 넓게 사용하기 위해서는 자기편끼리 너무 접근하지 않아야 합니다. 그리고 함부로 움직이지 말고 먼저 포지션을 확실히 정합니다.

 포지션은 가드, 포워드, 센터인데, 보통 2, 2, 1의 비율로 위치합니다. 〈그림 1〉과 같이 역 U자형이 되어 톱에 가드, 양 45도에 가드와 포워드, 양 코너에 포워드와 센터라는 식으로 배치하거나, 〈그림 2〉와 같이 톱에 2인의 가드, 양 45도에 포워드, 포스트에 센터를 배치합니다.

 또, 이것을 참고로 하여 U자형의 경우, 코너의 센터가 포스트에

F : 포워드, G : 가드, C : 센터

 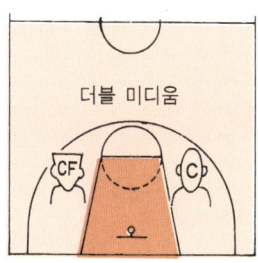

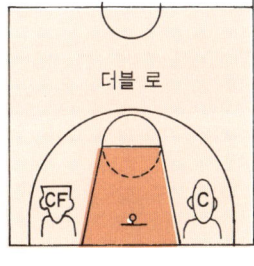 

서거나, 센터와 포워드가 포스트에 서는 더블 포스트 포지션을 취하거나 합니다. 포스트란 프리 스로를 하는 레인 전체를 가리키며 위쪽부터 하이, 미들, 로 포스트라고 합니다.

Part 7 BASKET BALL
포메이션과 룰

2. 5명이 움직이도록 조직된 플레이가 이상적이다.

포지션이 결정되어 움직이는 의미를 알게 되면 그 움직임에 자신이 유리하게 되도록 해야 합니다. 프리랜스 플레이(Freelance Play)도 그 중 한 가지지만 여기서는 반대의 포메이션에 대해서 생각해 봅시다.

포메이션 플레이는 런 플레이나 스크린 플레이가 주체가 되어 조직적으로 약속된 플레이입니다. 5명으로 움직이도록 조직된 플레이가 이상적이지만 여기서는 단순한 약속이 주가 되는 3인 플레이를 소개합니다.

① 패스하고 컷인한다.
② 패스하고 오프가드 사이드로 스크린한다.
③ 패스하고 온가드하여 스크린한다.
④ 드리블하여 스크린한다.
⑤ 드리블하여 사이를 뚫고 스크린한다.
⑥ 드리블하여 사이를 뚫고 턴하여 스크린한다.
이상이 약속된 사항입니다.

패스한 후 컷인한다.

볼을 가지고 있는 B는 A에게 패스한 후 컷인합니다. 이것이 약속된 첫 번째 플레이입니다. 이 움직임의 약속에서 옵션 플레이를 행합니다. 새롭게 볼을 받은 A는 컷했던 B가 노 마크이면 패스하여 슛할 수 있도록 합니다. 포스트에 순간적으로 달려온 C에게 패스하여 달려들어온 C와 아웃사이드 스크린을 하던가, 코너로 이동한 커터 B에게 패스하여 자신이 스크리너가 되어 인사

<그림 1>

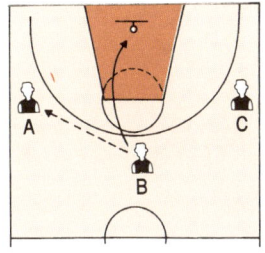

<그림 2>

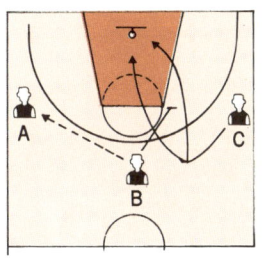

이드 스크린을 하던가 한 후 앞에서 소개했던 약속 ④, ⑤, ⑥의 플레이로 이동합니다〈그림 1〉.

패스한 후 오프가드 사이드로 스크린한다.

　A에게 패스한 B는 오프가드 사이드의 포스트에 위치합니다. 이 움직임이 약속 ②입니다. C는 아무렇지도 않게 가드 포지션으로 이동하고 재빨리 B를 스크리너로서 컷인합니다. 이때 노 마크이면 패스를 받아 슛합니다. 새롭게 볼을 받은 A는 C에게 패스할 수 없는 경우 반전하여 포스트로 순간적으로 달려가는 B에게 패스하고 B와 함께 아웃사이드 스크린을 합니다. 또 이때 약속 ④, ⑤, ⑥으로 이동하여도 좋을 것입니다〈그림 2〉.

3. 약속된 팀 플레이를 해보자.

패스한 후 온가드하여 스크린한다.

공을 가지고 있는 B는 A에게 패스하고, 그 뒤를 쫓아가서 온가드합니다. 이 움직임이 약속 ③입니다〈그림 1〉.

새롭게 공을 가진 A는 온가드했던 B에게 핸드 온하여 공을 건네고, 바로 골을 향하여 컷인합니다. 다만 이때 직접 뛰어들어가지 말고 도중에서 반전하여 L자로 컷합니다.

컷인했던 A에게 다시 볼이 되돌려지면 슛이 가능하지만 그렇지 않으면 C의 골 밑 돌파가 가능하므로 포스트에서의 아웃사이드 스크린을 하던가 약속 ④, ⑤, ⑥으로 이행합니다.

드리블하여 스크린한다.

공을 가지고 있는 B의 드리블에서부터 플레이가 시작됩니다〈그림 2〉. 디펜스하는 플레이어가 적은 방향으로 드리블합니다. 이 경우 C를 향하여 드리블하여 C와 드리블 스크린을 합니다. 이 움직임을 약속 ④로 합니다.

드리블하여 사이를 뚫고 스크린한다.

A의 드리블을 B가 받으려는 척하다가 받지 않고 반전하여 컷인한 후, A와 C의 사이를 뚫는 플레이를 약속 ⑤로 합니다〈그림 3〉.

사이를 뚫는 플레이는 백도어 플레이와 유사하며 성공할 확률도 높은 플레이입니다. 드리블러 A는 사이를 뚫었던 B에게 패스

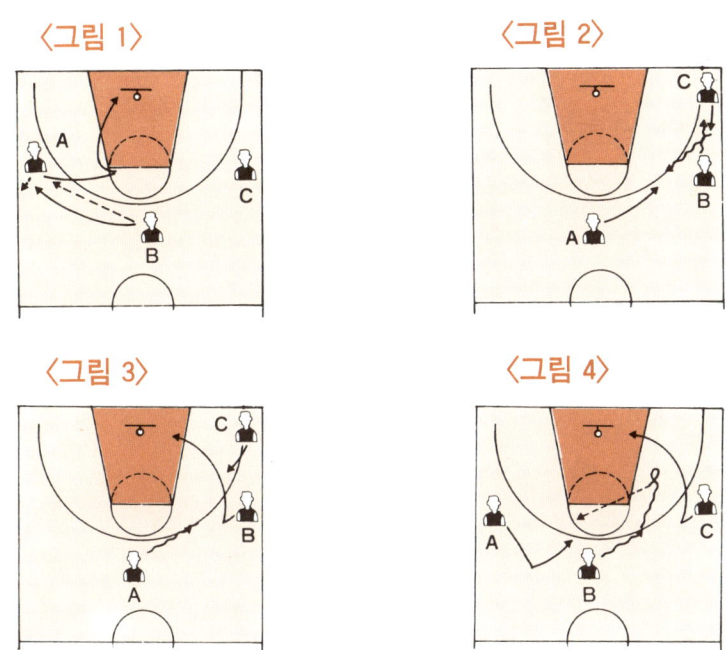

할 수 있으면 좋으나 할 수 없는 경우에는 다음의 C와 드리블 스크린을 행합니다.

드리블하여 사이를 뚫고 턴하여 스크린한다.

드리블러 B에 대하여 C가 사이를 뚫습니다. 그것을 신호로 반전하여 턴하는 플레이가 약속 ⑥의 플레이입니다 〈그림 4〉. 턴한 뒤에는 바로 A에게 패스하여 인사이드 스크린을 합니다.

이상의 6가지 약속에다 다른 플레이를 집어 넣을 수 있으면 그것도 상당히 많은 양이 되며 또 그것을 기억하는 것만으로도 벅차지만, 약속한 플레이마다 확실히 번호를 매겨 넘버 플레이로서 행한다면 훌륭한 포메이션 플레이가 될 것입니다.

4. 연속적인 공격을 위한 움직임.

기브 앤드 고 위브(Give and Go Weave)

그림과 같이 볼을 가진 C가 D에게 패스하여 컷인합니다. C의 컷인에 의하여 마크가 없어진 경우, D는 C에게 재빨리 패스하되, 패스를 할 수 없을 때에는 다음의 두 가지 방법으로 플레이합니다. 첫째는 B가 C의 뒤를 메우고, A는 B의 뒤를 메우고, 컷인한 C가 A의 뒤를 메우도록 로테이션합니다. 그리고, D가 B에게 리턴 패스하면 원래의 역U자형으로 됩니다. 이번에는 B가 볼을 가지고 있으므로, 양 45도에 있는 A나 D에게 패스하여 컷인합니다.

이와 같이, 몇 번이라도 같은 움직임으로 공격하는 방법을 콘티뉴이티 오펜스(Continuity Offense)라고 합니다. 이 방법은 연속하여 공격할 수 있는 점과 키가 작은 플레이어가 골대 아래로 가고 키가 큰 플레이어가 톱에 서는 경우도 생겨 리바운드에 불

▲ 경기 도중에 공격하기 어렵게 되면 이 형태를 취한다.

● **기브 앤드 고 위브**

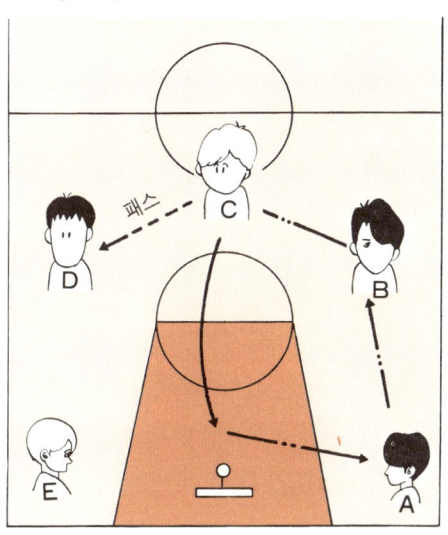

리한 점이 있습니다. 이때 키가 큰 플레이어를 골 가까이에 위치시켜 두려면 A와 E가 장신일 경우 앞에 서술했던 C가 45도 위치로 올라깁니다. 이렇게 하면 늘 A와 E의 장신은 포스트나 코너에 위치하여 리바운드에 참가할 수 있게 됩니다.

둘째는, 컷인한 C의 뒤에 D가 드리블로 이동하고, E가 D 뒤, C가 E의 뒤를 메우는 방법입니다. 이 두 가지를 혼합하여 플레이하면 상대가 수비하기 어렵게 됩니다.

Part 7 BASKET BALL
포메이션과 룰

5. 빠르게 플레이할 수 있도록 연습하자.

롤링 오펜스 (Rolling Offense)

러닝 스크린을 다섯 명이 플레이 하는 것을 롤링 오펜스라고 합니다. 러닝 스크린에는 러닝과 드리블이 있는데, 어느 것을 사용해도 상관없습니다. 먼저 역U자형으로 위치한 후, 〈그림 1〉의 B나 D 어느 쪽의 45도를 향해 드리블하여 롤링 플레이를 시작합니다. 초등학생의 농구에서는 빠르게 플레이하면 거의 성공하므로, 반드시 빠르게 할 수 있도록 연습합니다. 경기 중에 갑자기 속도를 내어 드리블 스크린을 하면, 디펜스는 스위치를 잘못하여 노 마크가 생길 확률이 높아집니다.

〈그림 1〉과 같이 플레이하는 것이 보통의 방법이지만, 〈그림 2〉

▲ 주고 받음은 피치 업으로 하고, 드리블도 섞어 넣자.

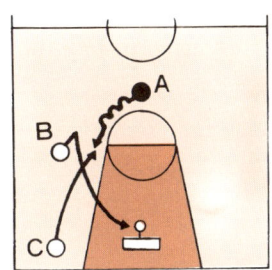

와 같이 롤링 도중에 변화시키는 것도 재미있을 것입니다. 또 갑자기 이 플레이를 시작하여도 상관없습니다. 실제 경기에서는 사이드에서 플레이를 하는 것이 보통이고, 전원이 함께 움직이는 포메이션은 별로 사용되지 않습니다.

〈그림 2〉는 A의 45도 쪽의 드리블에 대하여 B가 러닝 스크린을 하는 것같이 움직이다가 갑자기 반전하여 컷인하는 것입니다. 컷인은 블라인드 사이드로 컷하며 마크하고 있는 상대방을 뚫게 되면 A는 B에게 패스하여 슛을 하게 합니다. 만약 상대방을 뚫을 수 없으면 A는 드리블을 계속하다가 C와의 러닝 스크린을 합니다. 컷인한 B는 반대쪽의 사이드로 가서 다시 반대쪽에서 컷인을 하는 것입니다.

초등·중등학생이 이러한 롤링 오펜스와 기브 앤드 고 위브 플레이를 할 수 있으면 상당한 공격력을 가졌다고 할 수 있습니다. 어쨌든 움직임 그 자체는 어렵지 않으므로 빠른 속도로 할 수 있도록 연습합시다.

Part 7 BASKET BALL
포메이션과 룰

6. 의외로 활용할 곳이 많다.

점프 볼 포메이션(Jump Ball Formation)

초등·중등학생의 경기에서는 의외로 점프 볼이 많아 그것을 이용하여 득점을 높이는 것이 경기를 유리하게 진행시키는 매우 좋은 방법입니다. 그러나, 대부분의 팀에서는 점프 볼을 포메이션으로서 활용하고 있는 것을 별로 볼 수 없는데, 그다지 어려운 것이 아니므로 꼭 포메이션으로 활용합시다.

점프 볼에는 오펜시브 탭이라고 하여 점프하여 이길 가능성이 높은 탭(가볍게 때리는 것)과 디펜시브 탭이라고 하여 이길 가능성이 낮은 것의 2종류가 있습니다. 디펜시브적인 것은 좀처럼 볼을 빼앗을 수 없다는 의미에서 포메이션으로 활용되지 않습니다. 오펜시브 탭에 한하여 활용이 가능합니다. 디펜시브 탭은 이길 가능성이 낮기 때문에 상대방측에 포메이션될 염려가 있으므로

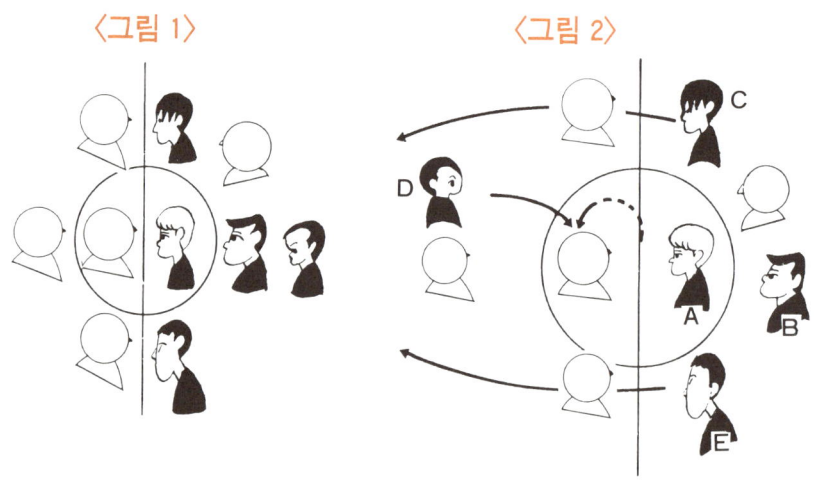

〈그림 1〉　　〈그림 2〉

〈그림 1〉과 같이 Y자형으로 자리를 잡는 것이 가장 좋은 방법으로 알려져 있습니다.

　오펜시브 탭에는 점퍼가 앞을 향하여 탭하는 프런트 탭, 양 사이드로 탭하는 사이드 탭, 뒤로 탭하는 비하인드 탭이 있는데, 여기서는 프런트 탭부터 포메이션하는 방법을 설명합니다.

　〈그림 2〉와 같이 위치하는데, 보통 이것을 크로스 세트(십자형)라고 합니다. A는 상대방 점퍼의 바로 뒤에 볼이 떨어지도록 탭합니다. 거기에 D가 뛰어들어 가서 볼을 받고, 될 수 있는 대로 공중에서 백 탭하여 점퍼의 탭과 동시에 달려가고 있는 C나 E에게 패스합니다. 점퍼 A의 탭과, D의 대시가 크로스 세트의 요점입니다.

Part 7
BASKET BALL
포메이션과 룰

7. 밖으로부터 패스할 때의 대응방법.

아웃 오브 바운즈 포메이션(Out of Bounds Formation)

아웃 오브 바운즈란 코트의 바깥쪽을 의미하며, 코트의 바깥쪽으로부터 코트 안으로 볼을 스로인할 때 이 포메이션을 사용합니다. 이것도 점프 볼 포메이션과 똑같이 볼이 정지된 상태에서 시작하므로 비교적 간단히 플레이할 수 있습니다.

아웃 오브 바운즈로부터의 스로인에는 사이드 라인으로부터의 스로인과 엔드 라인으로부터의 스로인 두 가지가 있는데, 엔드 라인으로부터의 스로인은 상대방이 골을 넣은 때뿐이므로 특별히 포메이션으로서 활용되는 일은 없습니다. 사이드 라인으로부터의 스로인도 프런트 코트(상대방 코트)로부터 스로인할 때에 사용됩니다.

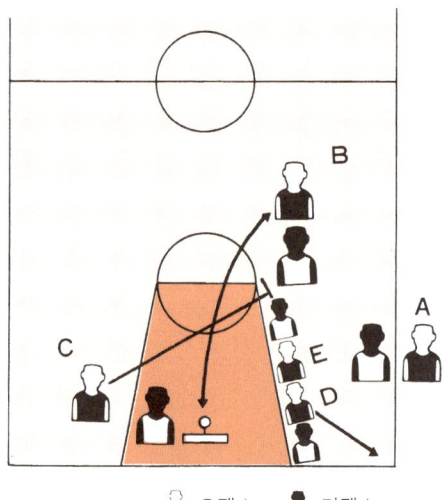

먼저 그림과 같이 위치합니다. 볼을 가진 A의 호령과 동시에 C는 B를 마크하고 있는 상대방의 뒤에서 백 스크린을 합니다. B는 이것을 이용하여 블라인드 사이드 컷합니다. 이와 동시에 포스트에 있는 D는 볼을 받으려고 코너 방향으로 달려갑니다. 보통 마크하는 사람은 그림과 같이 양 사이드에서 협공하

● **아웃 오브 바운즈로부터의 스로인**

듯이 수비하고 있기 때문에 D의 이동에 의하여 E는 자동적으로 골대 쪽의 빈 곳을 확보한 형태가 됩니다.

  A는 B의 블라인드 컷과 E가 자동적으로 확보한 곳의 어느 한 곳으로 스로인하여 슛하게 하는 것입니다. 그 의미는 블라인드 컷에 디펜스의 눈을 돌리게 하고, 그 순간에 D가 이동하면 허를 찔린 느낌이 되어 D를 마크하고 있던 사람이 D에 바싹 붙기 쉬워 골대 아래가 노 마크가 되기 쉽다는 것입니다. 가능하면 E는 팀에서 가장 키가 큰 사람이 좋고, 직접 볼을 받는 듯한 동작을 하여 상대방에게 불안감을 느끼게 하는 것이 중요합니다.

BASKET BALL
포메이션과 룰

8. 당연한 플레이를 확실히 하자.

책임

경기 중에 여러 가지로 변화하는 플레이에 대하여 플레이어는 책임감을 가지고 임해야 합니다. 책임감있는 플레이란 극히 당연한 일을 충실히 실행하는 것을 말합니다.

볼을 자기 팀의 것으로 만든 순간, 있는 힘껏 달려가는 것은 플레이어의 책임입니다. 반대로 디펜스 플레이어는 그와 동시에 되돌아와서 오펜스가 앞질러 가지 못하도록 하는 것이 책임입니다. 또 오펜스측은 단지 달려가는 것뿐만 아니라, 하나나 둘은 세이프티(Safety)라고 하여 도중에서 가로채기 당하여 거꾸로 공격을 받는 것을 고려하여 전체 상황을 보면서 공격에 참가합니다.

속공을 할 수 없는 경우에는 세트 플레이로 바꾸는데, 여기서도 항상 실수를 하지 않도록 정확한 플레이를 해야 합니다. 그러나, 소극적인 플레이가 아니라 적극적으로 골대를 향하여 달려가야 합니다.

▲ 볼을 잡은 사람이 책임있는 플레이어가 된다.

한편, 디펜스는 단순히 지키고 있는 것만으로는 오펜스의 이점에 눌려 지고 맙니다. 그래서 개개인의 선수가 강한 수비를 펼쳐야 합니다. 또한 어느 한 선수가 돌파당하면 헬프 디펜스(도움 수비)를 펼쳐야 하는 책임이 생기는 것입니다.

끝으로 슛 후의 리바운드 다툼입니다. 리바운드에 참가하여 스크린 아웃하며 볼에 달려드는 것은 양팀의 모든 플레이어에게 기본적으로 요구되는 플레이입니다.

이와 같이 당연한 것을 쉬지 않고 행하는 것이 플레이어에 요구되는 책임입니다. 그리고 경기 중에 생긴 실책 등에 대하여 '자기의 책임이다' 라고 5명 전원이 생각한다면, 반드시 강한 팀이 될 것입니다.

BASKET BALL

포메이션과 룰

9. 서로의 실수를 메워 주며 활기차게 플레이하자.

자기에게 패스된 볼이 수비수에게 인터셉트 당했을 때, 인터셉트 당한 플레이어를 노려보거나 잔소리를 하거나, 인터셉트 당한 원인이 자기의 책임이 아니라는 것을 분명히 하려는 플레이어가 있습니다. 그러나, 잘 생각해 봅시다. 인터셉트 당한 볼은 그대로 골대 쪽으로 운반되어 갑니다. 수비하지 않으면 슛을 하게 됩니다. 빨리 막아야 할 책임이 누구에게 있을까요.

대부분의 경우 미스 플레이가 생긴 장소에 있었던 플레이어가 빨리 판단함으로써 커버할 수 있습니다. 남을 탓하지 말고 빨리 행동을 해야 합니다. 한걸음 나아가 생각하면 다른 생각도 할 수 있습니다. 인터셉트 당하지 않도록 했어야 한다는 것입니다. 인터셉트 당할 것 같은 패스에 대해서는 자기의 몸을 내던져서 몸 전체로 대시하여 캐치했다면, 자기편의 미스 플레이를 없앨 수 있었을 것입니다.

이렇게 생각하면, 인터셉트 당한 것을 몸을 내던져 막아내지 못한 자신에게도 어느 정도 책임이 있는 것입니다. 이렇게 생각할 수 있게 되면, 자기의 플레이가 더 향상되도록 노력하게 되고, 그렇게 생각하지 않으면 좀처럼 향상되지 않을 것입니다. 남을 탓하지 말고, 그것을 커버하지 못했던 자기를 탓하는 태도를 가지도록 해야 합니다.

다음에 사기에 대한 것입니다. 슛이 빗나가거나 미스를 범하거나 또는 선생님으로부터 꾸지람을 듣거나, 친구와 다투거나, 연습에서도 경기에서도 여러 가지 상황이 벌어졌을 때 어떠한 경우라도 사기를 잃어서는 안 됩니다.

활기차게 플레이한다는 것은 스포츠뿐만 아니라, 사람이 생활

▲ 균형이 무너져도 끈기있게 자기편을 빨리 커버할 것.

해 가는 데 있어서 가장 필요한 것입니다. 활기차게 플레이하려면 자기가 납득하여 자기 스스로 힘을 내는 것이 제일 좋지만, 친구들 중에는 그렇게 할 수 없어서 고민하고 있는 사람이 많이 있을 것입니다. 그러한 사람을 격려하는 일 또한 자기 스스로 힘을 내는 파이팅 정신과 연결되는 것입니다. 동료들을 소중히 생각합시다.

Part 7   BASKET BALL
포메이션과 룰

10. 점프하면 볼을 가진 채 착지 할 수 없다.

경기를 할 때에는 일정한 매너나 룰을 지켜야 합니다. 특히 매너에 대해서는 초등·중등학생이라도 한 사람의 인격체로서 부끄럽지 않도록 반드시 지키도록 유의해야 합니다.

다음에는 룰입니다. 모든 스포츠가 그러하듯이 농구 또한 일정한 규칙에 따라 경기를 하는 것입니다. 이러한 규칙이 없다면 어떠한 경우에도 공정한 경기를 할 수 없으며 따라서 스포츠라고 할 수 없습니다. 경기에 지더라도 규칙은 반드시 지켜야 훌륭한 선수라고 할 수 있습니다.

트레블링 (Traveling)

농구에서는 볼을 가지고 두 걸음까지 걸을 수 있는데, 여기에는 볼을 받으면서라는 조건이 붙어 있습니다. 패스를 받으면서, 리바운드 볼을 잡으면서, 드리블한 볼을 잡으면서라는 뜻입니다.

다음에, 피벗 풋(축이 되는 발)과 피벗(자유롭게 발을 움직이는 것)에 대하여 살펴 보면, 피벗 풋과 바닥의 접촉면은 한번 정해지면 바꿀 수 없고 발끝으로 서거나, 뒤꿈치로 서거나 해서도 안 됩니다. 또 피벗 풋 그 자체를 바꾸어도 안 됩니다.

슛과 패스는 축이 되는 발을 들고도 할 수 있고 공중으로 뛰어올라도 좋습니다. 그러나 어떠한 경우에도 점프하면 볼을 가진 채로 착지해서는 안 됩니다. 이를 위반하면 트레블링이 되어 상대방에게 볼을 넘겨주어야 합니다.

이제부터 설명하는 이러한 위반들을 바이얼레이션이라고 하며 파울과는 구별됩니다.

● 트레블링

◀ 슛과 패스는 뛰어올라서 해도 좋다.

▲ 뛰어올랐으면, 볼을 가진 채로 착지해서는 안 된다.

더블 드리블 (Double Dribble)

드리블을 하여 볼을 잡은 후에는 다시 드리블할 수 없습니다. 단, 드리블의 처음이나 끝에 펌블(떨어뜨리는 것)한 경우에는 허용됩니다.

라인 크로스 (Line Cross)

사이드 라인이나 엔드 라인은 라인의 안쪽이 경계선이 되어 코트의 안쪽에서는 라인을 밟아서는 안 됩니다. 바깥쪽에서는 라인을 밟아도 좋으나 라인을 넘어서는 안 됩니다. 또 점프 볼의 경

Part 7 BASKET BALL
포메이션과 룰

우 원 바깥쪽의 플레이어는 라인을 밟아서는 안 됩니다.

 프리 스로의 경우에도 라인을 밟아서는 안 됩니다. 다른 플레이어도 라인을 밟아서는 안 되나 슛이 들어가면 라인을 밟아도 반칙이 되지 않습니다.

3초 룰

 볼을 가진 선수나 가지고 있지 않은 선수나 프리 스로 레인이라고 하여 프리 스로 라인과 골대 사이의 일정 지역에서 공격하는 측이 3초 이상 머무르면 오버 타임이 됩니다.

● 라인 크로스　　　● 3초 룰

▲ 프리 스로 라인

5초 룰

볼을 가진 플레이어가 디펜스의 접근 후 5초 이상 볼을 가지고 있으면 바이얼레이션이 됩니다. 프리 스로를 할 때, 레퍼리(심판)로부터 볼을 받은 후 5초 이내에 슛을 해야 합니다. 아웃 오브 바운즈(코트의 바깥쪽)로부터의 스로인일 경우도 5초를 초과해서는 안 됩니다.

30초 룰

볼을 확보한 팀은 30초 이내에 슛을 하여야 합니다.

BASKET BALL

Part 7 포메이션과 룰

골에 관한 것

슛한 볼이 최고점에서 떨어져 내려올 때, 그것에 닿아서는 안 된다든가, 네트나 백 보드에 닿아서는 안 된다는 것 등이 있습니다.

이러한 바이얼레이션을 범하면 상대방이 다시 공격권을 가지게 되고 골에 관해서는 슛이 인정되거나 취소되거나 하는 것이 추가됩니다.

파울

파울은 몸이 서로 닿는 경우에 의한 퍼스널 파울과 스포츠맨답지 않은 행동에 대한 테크니컬 파울로 나누어집니다. 퍼스널 파울도 테크니컬 파울도 1인이 합계 5번의 파울을 범하게 되면

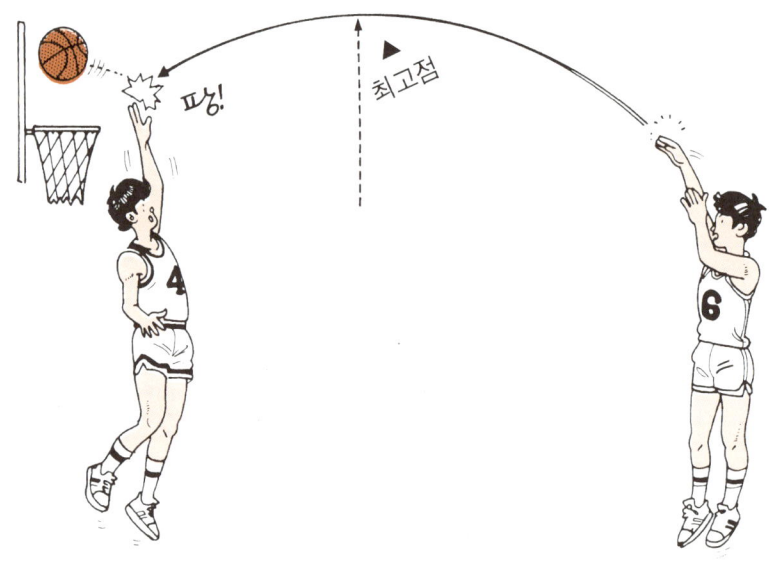

퇴장을 당하게 됩니다. 또, 팀 반칙이라고 하여 1팀이 전반과 후반에 각기 8번의 파울을 범하면 8번째 파울부터 벌칙으로 상대 팀에게 2개의 프리 스로가 주어집니다. 단, 볼을 가지고 상대방에 부딪치는 차징 등 오펜스 파울에서는 프리 스로가 적용되지 않습니다.

테크니컬 파울은 스포츠맨 답지 않은 행동에 대해 주어지는데, 벌칙으로 프리 스로 2개와 또다시 공격권이 상대 팀에게 주어집니다.

퍼스널 파울은 몸의 접촉에 의한 것으로 상대방을 미는 푸싱, 손으로 상대방을 잡는 홀딩, 몸을 사용하여 방해하는 블로킹, 발 등으로 상대방을 넘어지게 하는 트리핑, 그리고 차징 등이 있습니다. 7번의 파울까지는 슛 모션에 들어가지 않은 경우, 파울의 기록은 되나 상대방의 스로인으로 경기가 다시 시작됩니다. 그러나, 슛 모션일 때에는 그 슛이 들어가는 경우, 슛에 따라 2점이나 3점이 인정되고, 거기에 1개의 프리 스로가 추가로 주어지며, 슛이 들어가지 않은 경우에는 2개나 3개의 프리 스로가 주어집니다.

룰은 이 밖에도 많이 있지만 룰의 정신이 빠른 경기 진행을 꾀하는 것, 난폭한 행동을 방지하는 것, 키가 큰 사람에게 일방적으로 유리하게 되지 않는 것 등에 있음을 잊지 말고, 플레이어도 같은 마음가짐으로 플레이하는 것이 중요합니다. 기초가 되는 정신과 체력을 기르면서 밝고 즐거운 농구를 하도록 합시다. 자, 볼을 가지고 슛을 해봅시다.

BASKET의 또 하나의 상식

⋯길거리 농구(Street Basket Ball)란?

청소년들 사이에서 폭발적인 인기를 누리고 있는 길거리 농구(일명 '3 대 3 농구')는 자유롭게 농구 그 자체를 즐길 수 있다는 점에서 점차 그 저변이 확대되어 가고 있습니다.

길거리 농구는 정식 경기 코트의 절반만을 사용하며 경기자 수도 한 팀당 3명씩으로 되어 있습니다. 따라서 골대 하나만 있으면 장소에 구애됨없이 언제든지 누구라도 경기를 할 수 있습니다.

▶ **경기 규칙**
- 코트의 크기 - 정식 코트의 절반인 12~14m(사이드 라인)×13~15m(엔드 라인)
- 경기자의 수 - 팀당 3명
- 점수 - 1골 당 1점이 보통. 20피트 라인 밖에서 성공시키면 2점. 여성의 득점은 2배로 인정하는 것이 보통.
- 골의 높이 - 정식 골 높이(305 cm)보다 10 cm 낮은 295 cm가 보통이다.
- 라인 - 20피트 라인이 있고 점프 볼이 없으므로 센터 서클은 그리지 않는다. 대신 경기 시작이나 경기 재개를 위해 리세트 라인(Reset Line)을 표시한다.
- 반칙 - 심판이 없는 경우에는 반칙이나 바이얼레이션을 플레이어 스스로가 판단하여 표시해 준다.
- 헬드 볼 - 점프 볼을 하지 않고 수비측에 공격권이 주어진다.
- 공수의 교대(리세트) - 득점을 하면 상대편에게 공격권을 넘겨주어 경기를 재개한다. 경기 중에 수비측이 볼을 소유하게 된 경우에는 볼을 가지고 일단 리세트 라인까지 나왔다가 공격을 해야만한다.

부록

- 경기 규칙 /194
- 코트 각 부분의 명칭 /208
- 심판의 동작 /210
- 용어 해설 /214

경기 규칙

드리블

1. 경기 중에 선수는 볼을 가질 때마다 드리블할 수 있다. 그러나 어떠한 경우라도 펌블이나 토스, 탭이나 인터셉트 이외에는 손을 뗀 볼이 바닥에 닿은 후가 아니면 다시 볼에 닿을 수가 없다.
2. 드리블의 종료 – 일련의 드리블은 다음의 경우에 끝난다.
   1) 드리블러의 양손이 동시에 볼에 닿았을 경우.
   2) 드리블러가 한 손 또는 양손으로 볼을 떠받쳐서 잡은 경우.
3. 새로운 드리블 – 일련의 드리블을 끝낸 다음에는 계속해서 새로운 드리블을 할 수가 없다. 그러나 1)슛을 하고 2)패스 또는 펌블된 볼이 다른 선수에게 닿아서 새로 볼을 가지게 되면 새로운 드리블을 할 수가 있다.
4. 드리블러가 슛을 하여 그 볼이 바스켓에 들어가지 않고 바운드된 후 슛을 한 선수가 잡아서 다시 드리블하는 것은 괜찮다. 다만 바스켓이나 백보드를 향하여 던진 볼을 심판이 슛으로 인정하지 않고 그냥 내던진 것으로 판단했을 때는 바이얼레이션이 된다.
5. 손이 볼에 닿지 않았을 때 드리블러는 몇 발자국 전진해도 좋다.
6. 드리블러는 다음 행동을 해서는 안 된다.
   1) 진행하고 있는 상대에게 맞부딪치거나 서로 접촉하는 일.
   2) 두 사람의 상대방 사이나 상대와의 경계선 사이를 몸이 서로 닿지 않게 빠져나갈 수 있을 것 같지 않은데 드리블로 빠져나가려고 하는 것. → 드리블러의 진로 상에 상대가 이미 방어의 위치를 취하고 있을 때 드리블러는 방향을 바꾸거나 멈추거나 하여 서로 닿는 것을 피해야 한다.

아웃 오브 바운즈(아웃)

1. 선수가 아웃이 되는 경우는 그 선수가 경계선 또는 경계선의 바깥쪽 바닥에 닿았을 때이다.
2. 볼이 아웃이 되는 경우는 볼이
   1) 아웃된 선수에게 닿았을 때.
   2) 경계선 또는 경계선의 바깥쪽에 있는 선수 이외의 사람이나 바닥 그 외의 것에 닿았을 때.
   3) 백 보드의 지지대 또는 안쪽에 닿았을 때. → 볼이 바스켓의 지지대에 실려버렸을 때는 데드 볼이 되어 가까운 서클에서 점프 볼을 한다.
3. 누가 볼을 아웃시킨 것이 되는가.
   1) 볼이 선수 이외의 것에 닿아서 아웃되었을 때는 아웃이 되기 전에 제일 마지막에 볼에 닿은 선수가 아웃시킨 것이 된다.
   2) 볼이 경계선 또는 경계선의 바깥쪽에 있는 선수에게 닿아서 아웃되었을 때는 그 선수가 아웃시킨 것이 된다.
   3) 선수가 고의로 볼을 상대에게 던지거나 닿게 하여 아웃시켰을 때도 볼에 마지막으로 닿은 선수가 아웃시킨 것이 된다. 그리고 1), 2), 3)의 경우 볼은 상대 팀에게 주어진다.
   4) 양 팀의 선수가 동시에 닿아서 볼이 아웃되었을 때, 어느 쪽 팀이 볼을 아웃시킨 것인지 결정하기 어려울 때는 볼이 아웃된 장소에 가까운 서클에서 그 두 사람의 선수가 점프 볼을 한다.
4. 볼을 아웃시켰을 때는 바이얼레이션이다.

프로그레싱 위드 더 볼

1. 프레그레싱 위드 더 볼이란 볼을 가진 선수가 행동할 수 있는 범위에 대한 규정으로 이것을 위반하면 트레블링(바이얼레이션)이 되어

상대 팀의 볼이 된다.
2. 볼을 가진 선수의 동작은 다음의 7가지 경우로 나누어진다.
    ● 어느 쪽으로도 나아가지 않고
    A. 공중에서 볼을 받아 양발이 동시에 바닥에 닿은 경우와 양발이 바닥에 닿은 채 볼을 받은 경우…………(1)
    B. 공중에서 볼을 받아 한쪽 발로 바닥에 떨어진 경우와 한쪽 발이 바닥에 닿아 있는데 볼을 받은 경우(이 발을 제1의 발이라고 한다)…………(2)
    ● 나아가면서
    A. 공중에서 볼을 받아 양발이 동시에 바닥에 닿은 경우와 양발이 바닥에 닿아 있는 순간에 볼을 받아든 경우…………(3)
    B. 공중에서 볼을 받고 한쪽 발로 바닥에 떨어진 경우와 한쪽 발이 바닥에 닿아 있는 사이에 볼을 받은 경우 중(이 발을 제1의 발이라고 한다),
    (a) 제1의 발(한쪽 발)로 멈춘 경우…………(4)
    (b) 제1의 발로 멈추지 않고
        (ㄱ) 그 발이 바닥에 닿은 채 다른 발을 바닥에 댄 경우……(5)
        (ㄴ) 그 발로 점프한 다음 어느 쪽이든 발을 바닥에 댄 경우……(6)
        (ㄷ) 그 발로 점프한 다음에 양발이 동시에 바닥에 닿은 경우……(7)
    다만 (b)의 경우, 그때까지 진행하고 있던 방향과 완전히 다른 방향의 바닥에 제2의 발[(ㄷ)의 경우는 양발]이 닿았을 때는 (a)의 경우로 간주한다.
3. 피벗에 대하여
    1) (1)과 (3)의 경우는 어느 쪽 발을 피벗 풋으로 하여 피벗해도 좋다.
    2) (2)와 (4)의 경우 제1의 발을 피벗 풋으로서 한다면 피벗해도 좋다. 제1의 발이 바닥에 닿은 채 제2의 발을 내리는 것은 피벗으로

간주한다.
 3) (5)의 경우 제2의 발을 바닥에 내리는 것은 피벗으로 간주하지 않는다. 멈추었을 때 발의 앞뒤가 있으면 뒤쪽의 발을 피벗 풋으로 간주하지 않는다.
멈추었을 때 발에 앞뒤가 있으면 뒤쪽의 발을 피벗 풋으로 할 경우 피벗해도 좋다. 멈추었을 때 발에 앞뒤가 없다면 어느 쪽의 발을 피벗 풋으로 하여 피벗해도 좋다.
 4) (6)과 (7)의 경우는 피벗할 수 없다.
4. 드리블에 대하여
 1) (1)~(5) 등의 경우라도 피벗하지 않고 드리블을 시작하려면 점프하지 않는 사이에 볼을 손에서 떼지 않으면 안 된다.
 2) (6)의 경우 드리블을 시작하려면 제2의 발이 바닥에 닿은 후, 점프하지 않는 사이에 볼을 손에서 떼지 않으면 안 된다.
 3) (7)의 경우 드리블을 시작하려면 양발이 바닥에 닿은 후 점프하지 않는 사이에 볼을 손에서 떼지 않으면 안 된다.
5. 피벗을 한 후에 드리블을 시작하려면 피벗 풋이 바닥에 닿아 있는 사이에 볼을 손에서 떼지 않으면 안 된다.
6. 피벗을 한 후에 패스 또는 슛을 하려면 피벗 풋을 바닥에서 떼도 좋으나 다음에 발이 바닥에 닿기 전에 볼을 손에서 떼지 않으면 안 된다.
7. 볼을 가진 선수는 허용된 피벗을 할 때 이외에는 (1)~(7)의 어느 경우라도 다음 발이 바닥에 닿기 전에 볼을 손에서 떼지 않으면 안 된다.

3초 룰

1. 볼을 가지고 있는 팀의 선수는 상대의 바스켓에 가까운 제한 구역 안에서 3초를 넘겨서 머물러서는 안 된다. → 제한 구역을 구획하고 있는 선의 일부에 닿아 있는 선수는 제한 구역 내에 있는 것으로 간주한다.

2. 3초 룰은 바깥으로부터의 스로인일 때에도 적용된다. 이 경우, 3초는 스로인하는 선수에게 볼이 주어진 때부터 세어진다.
3. 3초를 넘지 않고 제한 구역 내에 있던 선수가 슛을 하기 위해서 드리블을 하고 있을 때에는 도중에서 3초를 넘어도 그대로 묵인하는 것이 적당하다.
4. 다음의 경우는 3초 룰이 적용되지 않는다.
    1) 슛한 볼이 공중에 있을 때
    2) 슛한 볼이 튀어서 되돌아올 때
    3) 데드 볼이 되었을 때
5. 3초 룰의 위반은 바이얼레이션이다.

5초 룰

1. 볼을 가지고 있는 선수가 상대에 근접하여 방어되어 있을 때 패스, 슛, 굴리기, 드리블 어느 것도 하지 않고 5초를 넘었을 경우는 바이얼레이션이 선언된다.
2. 상대에 근접된 선수가 볼을 가지고 피벗만 하고 있을 때는 볼을 플레이하고 있는 것이 아니다. 선수에게 볼을 플레이하려고 하는 의지가 있건 없건 선수가 이 상태에서 5초를 넘기면 바이얼레이션이 선언된다.

10초 룰

1. 백 코트 내에서 얼라이브된 볼을 가진 팀은 볼을 가진 다음부터 10초 이내에 볼을 프런트 코트로 진행시키지 않으면 안 된다.
2. 볼이 프런트 코트의 바닥에 닿거나 프런트 코트에 있는 자기편 선수에게 닿았을 때, 그 팀은 볼을 프런트 코트로 진행시키는 것이 된다.
3. 뛰어서 공중에 있는 선수는 뛰기 직전에 닿아 있던 바닥에 있는 것으로 간주된다. 따라서 백 코트에서 뛰어서, 프런트 코트의 공중에서 백 코트로부터 날아오는 패스를 받아도 프런트 코트로 볼을 진행시키

는 것이 되지는 않는다. 그 볼을 가지고 프런트 코트에 내려섰을 때 볼을 프런트 코트로 진행시키는 것이 된다.
4. 10초 룰의 위반 역시 바이얼레이션이 된다.

30초 룰

1. 프런트 코트이건 백 코트이건 코트 내에서 얼라이브된 볼을 가진 팀은 30초 내에 슛을 하지 않으면 안 된다.
2. 어느 쪽 팀이든 볼을 가진 다음부터 30초가 지나지 않은 동안에 볼이 아웃되거나 그때까지 볼을 가지고 있던 팀이 스로인을 하여 다시 코트 내에서 볼을 가진 경우는 새로 30초를 헤아리지 않고, 30초의 나머지 시간을 헤아린다.
3. 수비측의 선수가 볼을 차거나 주먹으로 두드리거나 해서, 볼을 가지고 있던 팀의 스로인이 된 경우는 새로 30초를 헤아린다.
4. 파울 이후의 스로인으로 볼이 주어진 경우도 새로 30초를 헤아린다.
5. 30초 룰의 위반은 바이얼레이션이 된다.

헬드 볼

1. 헬드 볼은 양 팀의 선수가 한 손 또는 양손으로 볼을 꽉 잡고 있을 때 선언된다. → 양쪽 선수가 그 볼이 누구의 것이라고 할 수 없을 정도로 한 손이나 양손으로 볼을 꽉 잡고 있지 않으면 헬드 볼은 선언되지 않는다. 수비측 선수의 손만 볼을 꽉 잡고 있어서는 헬드 볼이 성립되지 않는다.
2. 헬드 볼이 선언되었을 때에는 그 부근의 가까운 서클에서 그 두 사람의 선수가 점프 볼을 한다. → 헬드 볼이 일어난 장소가 어느 서클에 가까운지 결정하기 어려운 때에는 센터 서클에서 점프 볼을 한다.
3. 3명 이상의 선수가 한 손 또는 양손으로 볼을 꽉 잡고 있을 때는 키가 거의 같은 양 팀의 선수가 점프 볼을 한다.

🏀 백 패스 룰

1. 프런트 코트에서 볼을 가진 팀은 그 볼을 백 코트로 되돌릴 수가 없다.
2. 볼이 백 코트에 닿은 동안에 그 팀의 선수에게 닿은 경우, 예를 들어 그 선수가 프런트 코트에 있는 선수라도 백 패스가 된다.
3. 양발을 프런트 코트에 두고 있는 선수라도 볼을 백 코트의 바닥에 튀게 한 후에 그 볼에 닿으면 백 패스가 된다.
4. 센터 서클에서 점프 볼을 하고 난 후, 볼을 프런트 코트에서 가진 선수는 그 볼을 백 코트로 되돌릴 수가 없다.
5. 백 패스 룰은 프런트 코트의 아웃으로부터 행해지는 스로인의 경우에도 적용된다.
6. 백 패스 룰의 위반은 바이얼레이션이다. → 위반이 어디에서 일어나더라도 볼은 상대 팀에게 주어지고 센터 라인의 아웃으로부터 스로인이 된다.

🏀 바스켓 인터피어

1. 공격측의 바스켓 인터피어 - 공격측의 선수는
   1) 링보다 높은 곳에서 그 볼에 닿아서는 안 된다. 이 제한은 볼이 링에 닿을 때까지 적용된다.
   2) 슛한 볼이 상대 팀의 바스켓 링 위에 실려 있을 때 그 바스켓이나 백 보드에 닿아서는 안 된다.(볼에는 닿아도 된다.)
   → 위반이 있으면 볼이 들어가도 득점이 인정되지 않으며 이때 상대 팀이 위반이 일어난 장소에 가장 가까운 사이드 라인의 아웃으로부터 스로인한다.
2. 수비측의 바스켓 인터피어 - 수비측의 선수는
   1) 상대측이 슛한 볼이 최고점에서 떨어지기 시작하고부터는 볼이

링보다 높은 곳에 있는 동안에 볼에 닿아서는 안 된다. 이 제한은 슛한 볼이 링에 닿았는지 닿지 않았는지가 명확해질 때까지 적용된다.
  2) 슛한 볼이 자기 팀의 바스켓 링 위에 실려 있을 때 그 바스켓이나 백 보드에 닿아서는 안 된다.(볼에는 닿아도 된다.)
  → 위반이 있으면 볼이 들어가거나 들어가지 않아도 프리 스로일 때라면 1점, 스리 포인트 라인의 안쪽으로부터의 슛이라면 2점, 스리 포인트 에어리어로부터의 슛일 때는 3점이 슈터에게 주어진다. 그 뒤에 볼은 필드 골을 했을 때와 같은 방법으로 스로인한다.

바이얼레이션

1. 바이얼레이션이란 몸이 서로 닿거나 또는 스포츠맨답지 않은 행위를 뺀 모든 규칙 위반을 말한다.
2. 바이얼레이션이 일어났을 때
  1) 볼은 데드 볼이 된다.
  2) 볼은 바이얼레이션이 일어난 장소에서 가장 가까운 사이드 라인의 아웃 위치에서 가깝게 있는 상대 팀의 선수에게 주어져 스로인된다.
  → 백 패스 룰의 위반에 대해서 참고할 것.
3. 바이얼레이션이 일어나 데드 볼이 되고 난 후 바스켓에 들어가면 득점이 인정되지 않는다.
4. 볼 플레이의 바이얼레이션
  1) 트레블링   2) 더블 드리블
  3) 킥 볼   4) 볼을 주먹으로 두드린다
  5) 볼을 바스켓 아래로부터 고의적으로 집어넣는다
  6) 볼을 아웃되게 한다   7) 백 패스 룰의 위반
5. 타임 오버의 바이얼레이션

1) 3초 룰의 위반   2) 5초 룰의 위반
  3) 10초 룰의 위반   4) 30초 룰의 위반
6. 인터피어의 바이얼레이션
  1) 공격측의 바스켓 인터피어
  2) 수비측의 바스켓 인터피어
7. 점프 볼의 바이얼레이션
  1) 점퍼가 점프의 정위치에서 떨어져 있는 경우.
  2) 점프할 선수 이외의 선수가 서클 내에 들어간 경우.
  →양 팀이 점프의 규정을 위반했을 때와 심판이 볼을 나쁘게 던졌을 때에는 점프 볼을 다시 행한다.
  →점프하는 사람이 센터 라인에 닿게 뛰는 것은 바이얼레이션이 아니다.
8. 스로인의 바이얼레이션 - 볼을 바깥으로부터 스로인할 때 다음과 같은 행동을 하면 바이얼레이션이 된다.
  1) 스로인할 때 볼을 손에서 떼는 시간이 5초가 넘었을 때.
  2) 코트 내에 닿은 채 스로인하는 것.
  3) 볼이 다른 선수에게 닿기 전에 코트 내에서 볼에 닿는 것.
  4) 볼이 경계선을 넘어 스로인되지 않는 동안에 코트 내의 선수가 몸의 일부를 조금이라도 경계선 위쪽으로 내미는 것.
  5) 심판이 상대 팀에게 볼을 주었는데 볼을 스로인하려고 하는 것.
  →4), 5)의 위반에 대해서는 바이얼레이션뿐만이 아니라 테크니컬 파울을 선언할 수도 있다.
9. 프리 스로의 바이얼레이션 - 슈터에게 볼이 건네진 다음부터 다음의 규정을 위반하면 바이얼레이션이 된다.
  1) 슈터는 볼이 건네진 다음부터 5초 이내에 바스켓을 향하여 슛을 하지 않으면 안 된다.
  2) 슈터는 볼이 바스켓에 들어가거나 링에 닿을 때까지 다른 선수가

볼에 닿지 않도록 슛을 하지 않으면 안 된다.
3) 슈터는 프리 스로 라인 또는 이것을 넘은 바닥에 닿아서는 안 된다. 또 슛을 하는 척을 하며 도중에서 고의로 슛을 그만두어서는 (페인트를 해서는) 안 된다.
4) 슛한 볼이 바스켓을 향해 있거나 바스켓 위 또는 가운데에 있을 때에는 슈터나 다른 어떤 선수도 볼이나 바스켓 또는 백 보드에 닿아서는 안 된다.
  → 마지막 프리 스로일 때도 바스켓 인터페어의 규정이 적용되지 않고 바스켓의 링 위에 실려 있는 볼에는 어느 쪽의 선수도 닿아서는 안 된다.
5) 프리 스로 레인이 연해 있는 정위치를 점한 선수는 볼이 슈터의 손에서 떨어질 때까지 제한 구역에 들어가서는 안 된다.
다른 선수는 볼이 링에 닿거나 닿지 않은 것이 확실히 판명될 때까지 제한 구역에 들어가서는 안 된다.
상대 팀 선수는 슈터를 방해해서는 안 된다.
  [벌칙] (1) 다음의 경우는 볼이 들어가도 득점이 인정되지 않는다.
  ㈀ 슈터가 바이얼레이션을 범했을 때.
  ㈁ 슈터 측의 슈터 이외의 선수와 양 팀이 동시에 4)의 바이얼레이션을 범했을 때.
  (2) 슈터 측의 슈터 이외의 선수가 5)의 바이얼레이션을 범했을 때는 슛이 성공되면 득점이 되고, 바이얼레이션은 무시한다. 성공하지 못했을 때는 슈터의 상대 팀이 스로인한다.
  (3) 슈터의 상대 팀의 선수만이 5)의 바이얼레이션을 범했을 때는 슛이 성공되면 득점이 되고, 바이얼레이션은 무시한다. 성공하지 못했을 때는 같은 슈터가 프리 스로를 다시 한다.
  (4) 양 팀의 선수가 5)의 바이얼레이션을 범했을 때는 슛이 성공하면 득점이 되고 바이얼레이션은 무시한다. 성공하지 못했을 때는 그

프리 스로 라인에서 점프 볼을 한다.
  (5) 2개 이상의 프리 스로일 경우, 이 벌칙의 아웃이 되는 규정과 점프가 되는 규정은 마지막 프리 스로에 대한 바이얼레이션만 적용한다.

테크니컬 파울

1. 테크니컬 파울은 선수나 교대 선수, 코치, 어시스턴트 코치, 팀 관계자가 스포츠맨십이나 페어 플레이 정신에 현저하게 위반되거나 또는 반복하여 위반했을 때 선언된다.
2. 선수의 테크니컬 파울에 대한 벌칙
  1) 각각의 위반에 대해서 1개의 파울이 위반한 선수에게 기록되어지고, 상대 팀에 2개의 프리 스로가 주어진다. 이때 슈터는 주장이 지정한다.
  2) 위반이 심한 것이거나 반복되거나 했을 경우에 그 선수는 실격되어 퇴장된다.
  3) 볼이 일단 인 플레이된 후 전에 일어났던 파울이 발견되었을 경우에는 그때 파울한 것으로 벌한다. 파울이 있은 후 그것이 발견될 때까지 일어난 것은 모두 유효가 된다.
3. 선수 이외 사람의 테크니컬 파울에 대한 벌칙
  1) 각각의 위반에 대해서 1개의 파울이 그 팀의 코치에 기록되어 상대 팀에 2개의 프리 스로가 주어지며, 그 슛이 성공되거나 성공되지 않거나에 상관없이 다시 센터 라인의 바깥으로부터 스로인이 주어진다. 이때 슈터는 주장이 지정한다.
  2) 파울이 하프 타임, 각 연장 시간 제한 전의 타임 아웃 중에 일어났을 때는 상대 팀에게 2개의 프리 스로가 주어진다.
  3) 위반이 심한 것이거나 파울이 3회 기록되거나 했을 경우에는 코치는 실격되거나 코트에서 떠나가게 한다.

4) 5회의 파울을 범한 선수가 또 파울을 범했을 때는 코치란에 기록된다.

⬤⬤⬤⬤⬤ 퍼스널 파울

1. 퍼스널 파울이란 볼의 상태가 인 플레이나 얼라이브, 데드 볼이거나에 상관없이 상대와 서로 몸이 닿음으로써 일어나는 선수의 파울이다.
2. 퍼스널 파울이 되는 행위와 그 벌칙
   1) 블로킹   2) 홀딩
   3) 푸싱   4) 차징
   5) 해킹(일리걸 유즈 오브 핸즈)
   6) 핸드 체킹 7) 스크린

   [벌칙] 파울을 한 선수에게 1개의 퍼스널 파울이 주어지고 다음과 같이 처리된다.
   (1) 슛 동작 중이 아닐 때 파울을 했을 때는 파울이 일어났던 장소에서 가장 가까운 사이드 라인의 바깥에서 파울당한 팀에게 볼이 주어지며 스로인으로 경기가 재개된다.
   →1팀이 7회 넘게 파울을 했을 때의 벌칙은 다음에 나오는 '파울 횟수에 의한 벌칙'을 참고할 것.
   (2) 슛 동작 중일 때 파울을 했을 때는
      (ㄱ) 그 슛이 성공했을 때는 득점으로 인정되고 다시 1개의 프리 스로가 주어진다.
      (ㄴ) 그 슛이 스리 포인트 에어리어에서의 슛으로 성공되지 않았을 때는 3개의 프리 스로가 주어진다.
3. 인텐셔널 파울이란 심판이 고의적인 파울이라고 판단한 퍼스널 파울을 말한다.
4. 인텐셔널 파울의 경우와 그 벌칙
   1) 볼을 가지고 있는 상대에 대해서 볼을 무시하고 일부러 서로의 몸이 닿게 한 경우.

2) 볼을 가지고 있는 선수가 상대의 선수에 대해서 일부러 몸이 서로 닿게 하는 경우.

[벌칙] (1) 파울을 한 선수에게 1개의 퍼스널 파울이 주어지고 상대에게 2개의 프리 스로가 주어진다.

(2) 파울을 당한 선수가 슛 동작 중인 경우는

 (ㄱ) 그 슛이 성공했을 때는 득점이 인정되며 다시 1개의 프리 스로가 주어진다.

 (ㄴ) 그 슛이 성공되지 못했을 때는 슛을 한 장소에 따라 2개 또는 3개의 프리 스로가 주어진다.

 → 그리고 어떤 경우라도 프리 스로 후에는 그 슛의 성공 여부에 관계없이 센터 라인의 바깥에서부터 스로인이 주어진다.

5. 디스퀄리파잉 파울이란 테크니컬 파울, 퍼스널 파울 중 특히 악질인 것, 현저하게 스포츠맨답지 않은 것을 말한다.

[벌칙] 파울을 한 선수는 즉시 실격, 퇴장된다. 파울은 그 선수에게 기록되어지고 위에 적은 2, 4의 벌칙이 적용된다.

6. 더블 파울이란 양 팀의 선수가 거의 동시에 서로 퍼스널 파울을 범했을 경우를 말한다.

[벌칙] (1) 양 선수에게 파울이 주어지며 프리 스로는 주어지지 않는다. 파울이 일어났던 장소에서 가장 가까운 서클에서 파울을 한 두 사람의 점프 볼로 경기가 재개된다.

(2) 더블 파울과 거의 동시에 슛 또는 프리 스로가 성공하여, 득점이 인정되었을 경우에는 엔드 라인의 바깥에서부터 상대 팀이 스로인한다.

파울 횟수에 의한 벌칙

1. 선수의 5회 파울

퍼스널 파울이건 테크니컬 파울이건 모두 합쳐서 5회의 파울을 범한 선수는 그 이후 그 경기에 참가할 수 없다.
2. 1팀이 8회 이상의 파울을 했을 때
   1팀이 각 하프에 퍼스널 파울이건 테크니컬 파울이건 합쳐서 7회의 플레이어 파울을 범한 후에는 그 팀이 볼을 가지고 있지 않을 때 일어나는 모든 퍼스널 파울에 대해서 벌칙으로서 2개의 프리 스로가 상대 팀에게 주어진다.
→ 인텐셔널 파울의 벌칙, 디스퀄리파잉의 벌칙, 더블 파울의 벌칙, 슛 동작 중의 선수에 대한 파울 벌칙은 예외이다.

코트 각 부분의 명칭

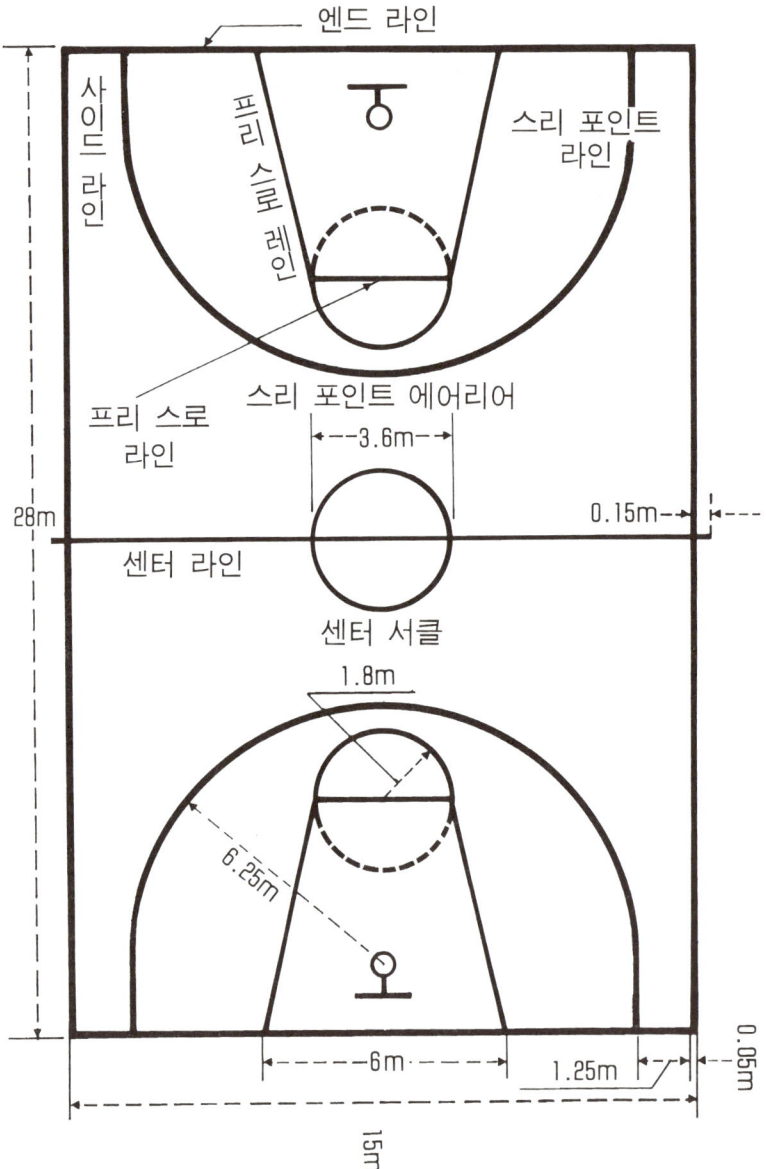

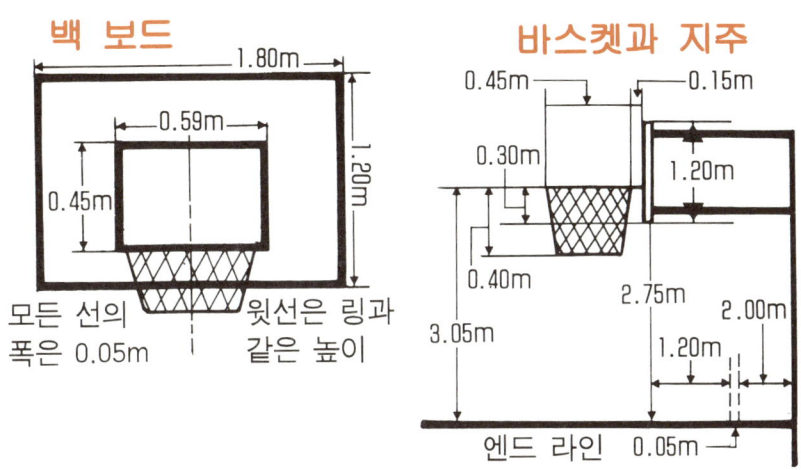

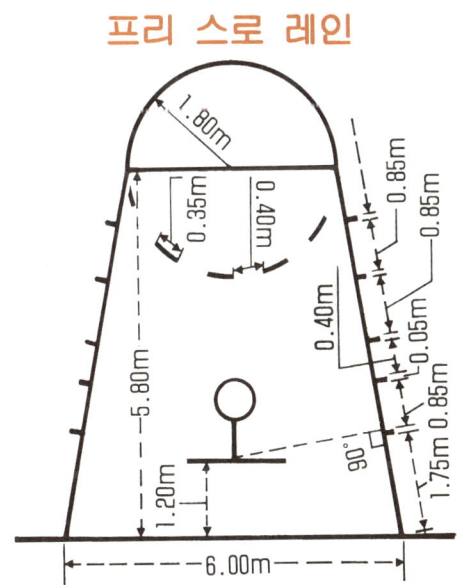

심판의 동작

다음은 심판의 핸드 시그널(수신호)에 관한 설명입니다.

경기 중 선수가 규칙을 위반하거나 반칙을 했을 때 심판은 이에 따른 수신호를 합니다. 이 수신호를 알게 되면, 관람하는 입장에서는 경기를 쉽게 이해하면서 보다 재미있게 경기를 볼 수 있고, 선수의 입장이라면(당연히 알아야 하지만) 자기가 어떤 반칙과 규칙 위반을 했는지 알 수 있습니다.

다음의 수신호를 잘 익혀두십시오.

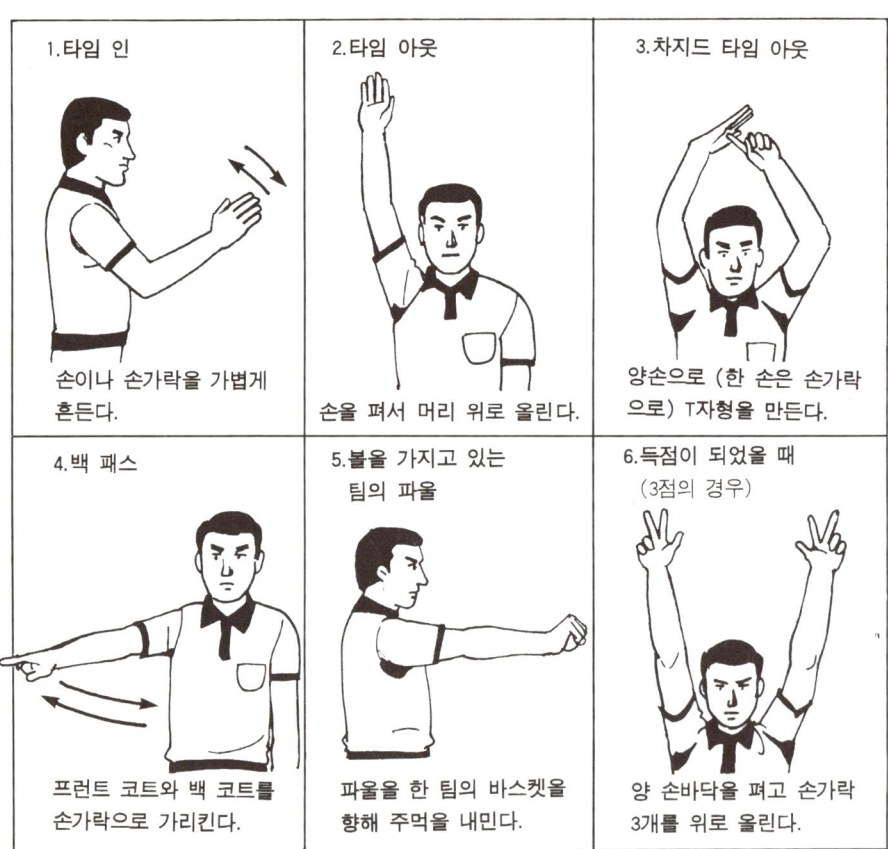

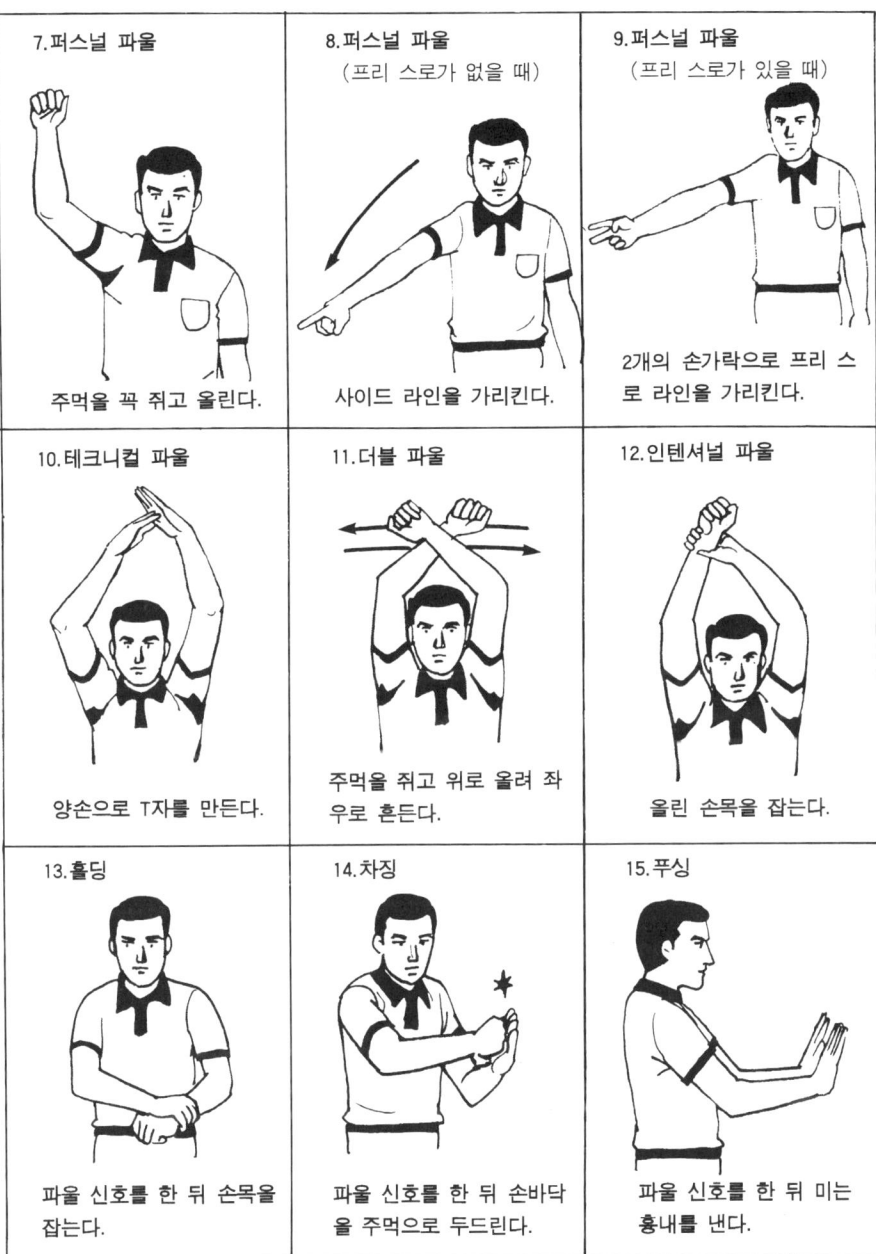

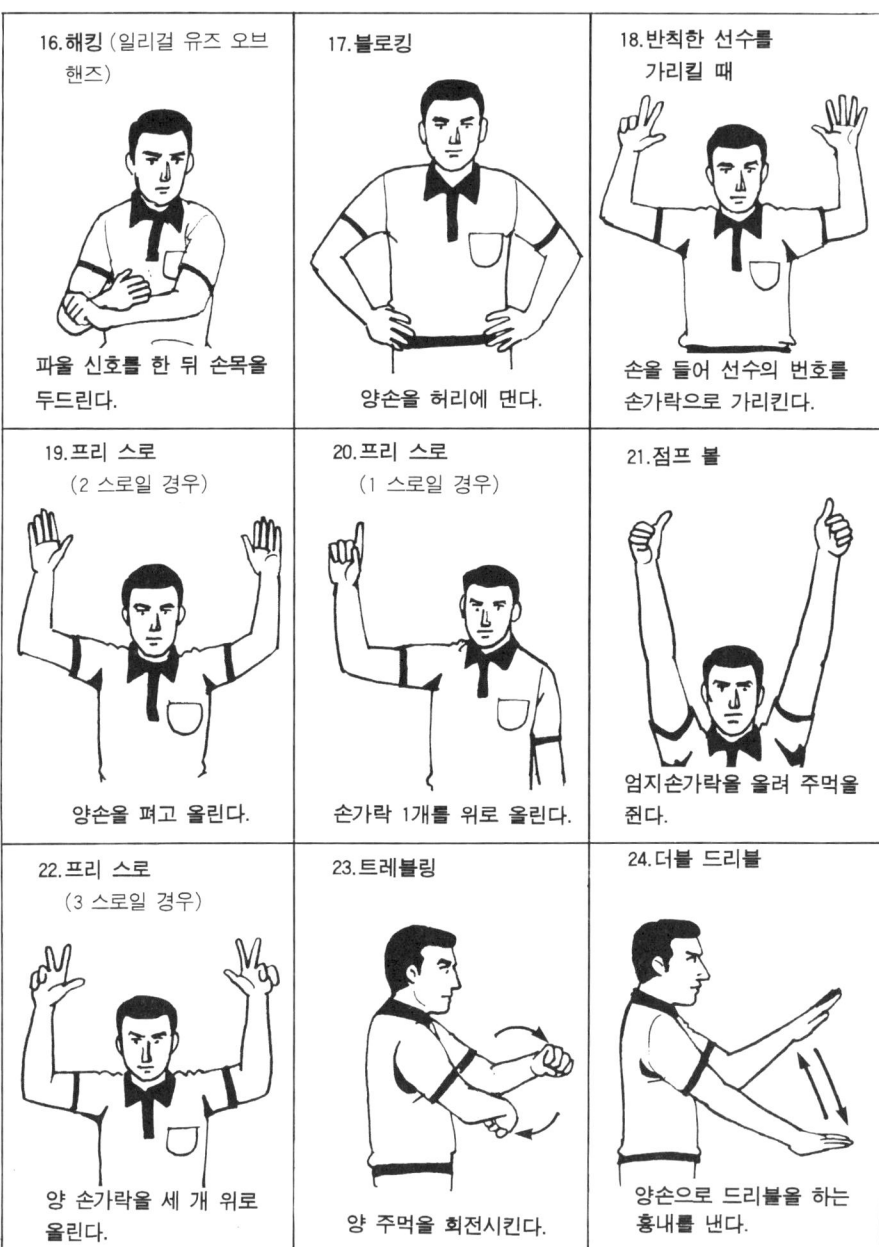

용어 해설

가

가드(guard) 상대편이 슛하는 것을 방해하여 상대편 팀에게 득점을 허용치 않도록 하는 플레이.

다

다이렉트 드라이브 무브(direct drive move) 골을 향하여 재빨리 가서 드리블이나 패스로 슛할 수 있는 자세를 갖추는 동작.

다이아몬드 앤드 원 존 디펜스(diamond and one zone defense) 네 사람이 다이아몬드 형의 존 디펜스를 짜고 나머지 한 사람이 맨 투 맨 디펜스를 하는 변칙적인 디펜스.

더블 드리블(double dribble) 양손을 동시에 사용하여 하는 드리블. 또는 일단 종료한 드리블 플레이를 같은 플레이어가 다시 드리블하는 것. 어느 쪽이나 다 바이얼레이션이다.

더블 티밍(double teaming) 프레스 디펜스를 할 때 오펜스 플레이어를 두 사람이 포위하여 움직이기 곤란하게 하는 플레이. 더블 마크라고도 한다.

더블 파울(double faul) 양 팀의 두 사람의 플레이어가 동시에 범하는 퍼스널 파울. 이 경우에는 파울이 발생한 지점에서 가장 가까운 서클에서 파울을 범한 두 플레이어가 점프 볼을 하게 된다.

더블 페이크(double fake) 두 번의 움직임으로 페인트를 거는 동작. 또는 두 번 연속하여 슛 동작을 하는 플레이.

덩크 슛(dunk shoot) 볼을 링 위에서 골에 내려 꽂듯이 하는 슛.

도징(dodging) 공격측 플레이어가 디펜스를 돌파하기 위하여 하는 페이크 플레이.

드라이빙 레이업(driving lay-up) 드리블인해서 하는 레이업 슛.

드리블 슛(dribble shoot) 드리블을 하면서 점프하여 슛하는 것. 드리블과 러닝 슛을 복합한 슛.

디스퀄리파잉 파울(disqualifying foul) 스포츠맨 정신에 위배되는 행위를 한 경우에 선고되며, 이 파울을 범한 선수는 퇴장당하고 상대 팀에게 프리 스로 2개를 준다.

디펜시브 트라이앵글(defensive triangle) 수비측이 리바운드를 잡아내기 위하여 세 사람의 플레이어로 스크린 아웃을 만들 때의 삼각형. 리바운드 트라이앵글이라고도 한다.

딜레이드 어택(delayed attack) 지공(느린 공격)이나 세트 오펜스로 시간을 끌면서 공격하는 방법.

딜레이드 오펜스(delayed offense) 의식적으로 공격 리듬을 늦추어 시간을 끌면서 공격하는 방법.

딜레잉 더 게임(delaying the game) 플레이어나 코치나 매니저가 경기 진행을 부당하게 지연시키는 것. 이 경우 테크니컬 파울이 적용되며, 지연시킨 사람이 플레이어일 때는 상대 팀에게 프리 스로 2개, 코치나 매니저가 지연시켰을 때는 프리 스로 1개에 다시 공격권이 주어진다.

라

러닝 슛(running shoot) 러닝하면서 볼을 받아서 그대로 슛 모션으로 들어가서 하는 슛.

러닝 스크린(running screen) 달려가고 있는 플레이어를 스크리너로 이용하여 하는 스크린 플레이.

러닝 패스(running pass) 달려가면서 하는 패스. 이때 물론 3보째에 바닥에 발이 닿기 전에 볼을 손에서 떼지 않으면 안 된다.

러닝 폴로(running follow) 바깥쪽에서 리바운드 볼의 낙하 지점으로 달려가 리바운드를 하는 플레이.

레이업 슛(lay-up shoot) 러닝하여 컷인한 볼을 점프해서 볼을 링에 놓고 오듯이 손가락 끝으로 가볍게 스냅하여 하는 슛.

레퍼리 타임(referee time)   경기 중에 일어난 부상이나 트러블로 인해서 레퍼리가 필요에 따라 명하는 휴식 시간. 미국의 프로 농구에서는 CF를 TV에 내보내기 위하여 하는 오피셜 타임 아웃이 있다.
로브 패스(lob-pass)   리드 패스의 일종으로, 볼에 스핀을 걸지 않고 느리게 던져서 패스하는 것.
로(low)   골 밑의 엔드 라인 가까운 위치로써 로 포스트의 포지션.
로커 모션(locker motion)   디펜스의 좌우로 발을 내밀거나 당기거나 하면서 디펜스의 반응을 보아가면서 드라이브인하는 플레이.
롤(roll)   공격 중에 디펜스를 따돌리거나 충돌을 피하기 위하여 회전하면서 방향을 바꾸는 테크닉이다. 이것을 오펜스 롤이라고도 한다. 스크린 플레이에서 스크리너가 골로 향하기 위한 리버스 턴도 롤이라 한다.
롤링 오펜스(rolling offense)   드리블 인사이드 스크린을 계속하면서 디펜스를 압박하고, 조건이 좋은 슛 거리와 타이밍을 만드는 오펜스. 만약 디펜스가 반발해 오면 골 밑으로 달려가서 패스를 받아 슛한다.
롱 슛(Long shoot)   6.25m 이상의 먼 거리에서 하는 슛.
루스 볼(loose ball)   어느 팀이 갖고 있는 볼인지 판단하기 어려운 볼.
리드오프 맨(lead-off man)   팀 전체에게 지시를 내리고, 이끌어 가는 플레이어. 게임 메이커, 플로어 리더, 리드맨과 동의어.
리바운드(rebound)   슛한 볼이 들어가지 않고 링이나 백 보드에 닿았다가 튕겨 나오는 것. 리바운드 볼이라고도 한다.
리버스 피벗(reverse pivot)   뒤쪽으로 회전해서 몸의 방향을 바꾸는 것. 백 턴과 동의어.
리어 턴(rear turn)   몸의 방향과 반대 방향으로 하는 피벗. 백 턴, 리버스 턴과 동의어.
링(ring)   바스켓에 사용되는 철제 고리.

마

매치 업(match up)   맨 투 맨 디펜스 때 상대편 팀 플레이어 개개인의 마커를 결정하는 것.
맨 투 맨 디펜스(man to man defense) 1대1이 원칙이며 마크하는 상대편을 책임지고 디펜스한다.
모션 오펜스(motion offense) 보다 많이, 보다 빠르게 움직이는 것을 기본으로 한 오펜스.
미들 라인(middle line) 골과 골을 연결한 중앙의 라인으로, 이 라인은 실제로는 없는 가상의 라인이다.
미들 슛(middle shoot) 링에서 6m쯤 떨어진 거리에서 하는 슛.
미스 매치(miss match) 맨 투 맨 디펜스를 할 때 스크린 플레이 등으로 마크하는 상대편이 바뀌고 신장 등이 맞지 않는 플레이어를 마크하게 된 상태를 말한다.
미트(meet) 패스를 받았을 때 볼을 진행 방향으로 튀어 나오게 하여 패스를 받는 것.

············ 바

바스켓 인터피어(basket interfere) 슛한 볼이 최고점에서 떨어지기 시작한 이후에 링 위에서 수비 선수가 볼에 닿거나 슛한 볼이 링 위에 실려 있을 때 수비 선수가 바스켓이나 백 보드에 닿는 것.
바운드 패스(bound pass) 코트에 볼을 튕겨서 보내는 패스.
바이얼레이션(violation) 파울 이외의 모든 룰의 위반을 말하며 상대편의 볼이 된다.
박스 앤드 원 디펜스(box-and-one defense) 5명의 플레이어 중 4명이 상자 모양의 존 디펜스를 하고, 나머지가 맨 투 맨으로 하는 디펜스.
백도어 플레이(backdoor play) 자기편 세 사람이 하는 컷 플레이로, 포스트로 뛰어나간 플레이어가 가드의 위치로부터 볼을 받아 45도에 있는 플레이어가 블라인드 사이드 컷해서 골에 가까운 곳으로 달려갈 때 백 패스하는 것.
백 바운드 패스(back bound pass) 몸의 방향과 반대 방향이나 몸의 뒤쪽으로 하는 바운드 패스.
백 슛(back shoot) 러닝 슛으로 골 밑을 통과한 뒤의 슛에서 흔히 볼 수 있는 테크닉이며, 골을 등뒤에 놓은 채 하는 슛.
백 코트(back court) 센터 라인(디비전 라인)에서 수비 측의 엔드 라인까지의 코트를 말함. 프런트 코트의 반대말.
백 패스(back pass) 프런트 코트에 있는 볼을 백 코트로 되돌리는 패스. 백 패스 룰(바이얼레이션)을 범했을 때 하는 레퍼리의 콜.
백 패스 룰(back pass rule) 한번 프런트 코트에 들어간 볼을 백 코트로 되돌려서는 안 된다는 규칙. 바이얼레이션의 하나로 이것을 범하게 되면 상대 볼이 된다. 하프 라인 바이얼레이션.
뱅크 슛(bank shoot) 백 보드에 한 번 맞추어 그 반동으로 링으로 들여보내는 슛.
보디 컨트롤(body control) 스텝, 스톱, 스탠스, 피벗, 러닝, 점핑 등 몸을 사용하는 기술.
볼 데드(ball dead) 코트의 플레이어가 볼에 대하여 직접 플레이 할 수 없는 상태. 이것은 인 플레이할 수 있는 경우와 레퍼리의 지시가 있을 때까지 플레이할 수 없는 경우가 있다.
브러싱(brushing) 스크린 플레이에서 스크리너와의 사이로 파고들어서 컷인하는 것.
블라인드 패스(blind pass) 디펜스의 시야 밖에 있는 자기편한테 보내는 패스.
블로킹(blocking) 상대편 선수가 움직이지 못하게 하는 반칙 플레이로서, 홀딩과는 구별되는 퍼스널 파울의 일종.
블로킹 아웃(blocking-out) 슛한 다음 리바운드할 때 상대편보다 골에 가까운 유리한 위치를 차지하는 플레이. 스크린 아웃과 동의어.
블로크드 슛(blocked shoot) 상대편 슛을 저지하는 플레이로서 슛 컷이라고도 한다.
비디 바스켓볼(biddy backetball) 미국에서 행해지고 있는 미니 바스켓

볼로서 출전 자격이 신장 167cm 이하의 소년(9~12세), 소녀(9~13세)에 한정된다.
비전(vision) 볼을 중심으로 해서 플레이어의 움직임을 보는 시야(視野).
비하인드 더 백 패스(behind the back pass) 몸의 뒤쪽으로 보내는 원 핸드 패스.

사

사이드 스텝(side step) 중요한 기본 테크닉의 하나로 게가 걸어가듯이 연속적으로 하는 풋워크.
30초 룰(thirty second rule) 바이얼레이션의 하나로 볼을 가지고 있는 팀은 30초 이내에 슛을 해야 한다.
3초 룰(three second rule) 30초 룰과 같은 바이얼레이션의 하나. 볼을 가지고 있는 공격 팀의 선수는 상대의 바스켓에 가까운 제한 구역 내에 3초 이상 머무를 수 없다.
서큘레이션 오펜스(circulation offense) 5명의 플레이어가 균형잡힌 진행을 만들어 연속된 움직임으로 공격하는 것.
세미 프레스(semi press) 수비측이 전세가 호전되었을 때 압력을 가하는 타이트한 맨 투 맨을 기반으로 한 디펜스. 또는 자기들이 지키는 백 코트에서 하는 압박・밀착 수비.
세트 오펜스(set offense) 자기편의 공격이 유리한 포지션에 도착할 때까지 기다렸다가 공격하는 조직적인 오펜스. 지공(遲攻)이라고도 한다.
세트 슛(set shot) 프리 스로나 롱 슛일 때 행하는 슛으로 코트에 양발을 댄 상태로 한다. 몸의 균형을 잡고 해야 하는 슛이다.
세이프티 플레이어(safety player) 자기편이 공격하고 있을 때라도 코트의 중앙에 위치하여, 상대방 속공에 대하여 디펜스하는 역할. 세이프티 맨과 동의어.
셔플 오펜스(shuffle offense) 5명의 플레이어가 밸런스를 유지하면서 디펜스를 좇히는 움직임을 하는 오펜스.

숄더 패스(shoulder pass) 야구공을 던지듯이 볼을 어깨 위로 던지는 롱 패스. 보통은 원 바운드로 하지만 여자나 연소자는 양손 숄더 패스도 한다.

슈팅 에어리어(shooting area) 슛이 상당히 높은 확률로 성공할 수 있는 구역.

슛 찬스(shoot chance) 슛하기 위한 절호의 기회. 주된 슛 찬스로는 골까지 쉽게 슛할 수 있는 거리이냐, 골과 슈터 사이에 디펜스가 존재하지 않거나 디펜스의 방해를 받지 않고 좋은 밸런스에서 슛할 수 있느냐 등이 있는데 평소에 연습하여 슛 찬스의 체크 포인트를 많이 갖도록 노력하여 시합에 임하도록 하는 것이 좋겠다.

스로인(throw-in) 아웃 오브 바운즈에서 코트 내의 자기편에게 볼을 던짐으로써 플레이가 재개된다. 그때 주의해야 할 것은 5초 이내에 해야 한다.

스리 쿼터 프레스(three quarter press) 자기쪽 코트의 프리 스로 라인 근처에서 상대 팀에게 프레셔를 거는 디펜스.

스리 포인트 슛(three point shoot) 스리 포인트 라인 밖에서 하는 슛으로, 여기서 슛에 성공하면 3득점이 된다.

스위치(switch) 마크하는 상대편을 바꾸어 스크린 플레이에 대응하는 디펜스.

스위치업(switch-up) 스크리너의 디펜스가 서로 마크하는 상대편을 바꾸는 것을 전제로 하여 적극적으로 뛰어나가서 하는 스크린 플레이로, 디펜스 스위치의 플레이와는 구별된다.

스카우팅(scouting) 상대 팀 플레이어들의 버릇이나 특징을 파악하는 것. 미국에서는 서큘레이팅(circulating)이라 부르고 있다.

스코어링 에어리어(scoring area) 슛할 때 성공률이 높은 지역.

스크리너(screener) 스크린 플레이를 할 때 디펜스에 대하여 막(幕) 역할을 하는 플레이어.

스크리미지(scrimmage) 오펜스가 정확하게 세트업한 상태에서 시작하는 5대 5 공방 연습.

스크린 스위치 디펜스(screen switch defense) 공격측의 스크린 플레이에 대해서 하는 맨 투 맨 디펜스.

스크린 아웃(screen out) 리바운드 볼을 잡을 때 볼에 대해서 상대편보다 우위의 포지션을 잡기 위하여 하는 합법적인 블록 플레이.

스크린 플레이(screen play) 상대측 플레이를 방해하기 위하여 의식적으로 서서 디펜스를 하다가 유리하게 공격하는 오펜스의 기본 플레이.

스톨링(stalling) 의식적으로 공을 가지고 있으면서 시간이 지나기를 기다리는 작전. 흔히 리드하고 있는 팀이 상대방을 따돌리고 승리를 하기 위해서 사용한다.

스톱 피벗(stop pivot) 급정지하여 피벗하는 것.

스트라이드 스톱(stride stop) 오른발(왼발) → 왼발(오른발)로, 2박자로 멈추는 방법이며, 최초의 발이 피벗 풋이 된다.

스폿 슈터(spot shooter) 특정 위치에서만 슛을 잘하는 슈터.

스폿 패스(spot pass) 볼을 갖고 있는 플레이어가 자기에게서 떨어져 있는 자기편이 잡을 수 있는 지점을 골라서 보내는 패스.

스피닝 레이업(spinning lay-up) 자기의 몸을 비틀면서 볼에 스핀을 많이 걸어 골로 직접 가져가는 레이업 슛.

시저스 컷(scissors cut) 피벗 맨을 중심으로 해서 두 사람의 플레이어가 가위 모양의 러닝 코스를 사용하여 플레이하는 것.

10초 룰(ten second rule) 백 코트 내에서 공을 가지고 있던 팀은 공을 가진 순간부터 10초 이내에 볼을 프런트 코트로 진행시켜야 한다.

싱글 포스트(single post) 포스트 포지션에 한 사람의 포스트 맨을 두고 하는 오펜스.

아

아우트렛 패스(out-let pass) 디펜스가 리바운드 볼을 잡아서 속공 자세를 취한 자기편에게 보내는 패스을 말함.

아웃 오브 바운즈(out of bounds) 선수가 경계선이나 코트 밖의 바닥에 접촉된 경우. 볼이 아웃된 선수, 경계선, 코트 밖의 사람이나 바닥, 백 보드의 지지대나 안쪽에 닿았을 경우.

아치(arch) 슛이나 패스할 때 볼이 그리는 포물선 궤적.

어시스트 패스(assist pass) 직접 득점과 연결되는 패스. 예를 들어 속 공일 때 패스를 받아서 드리블하여 득점한 경우도 어시스트 패스가 된다.

얼라이브(alive) 인 플레이에서 게임 워치(계시기)가 움직이고 있는 상태. 프리 스로일 때는 뺀다.

업 코트(up court) 백 코트와 동의어로서 반대의 뜻으로는 다운 코트가 있다.

에어 볼(air ball) 슛을 했으나 링, 네트, 백 보드 등 어디에도 닿지 않고 통과하여 실패한 슛.

에이트 오펜스(eight offense) 골 밑에서 8자처럼 움직여서 공격하는 세트 오펜스. 에이트 포메이션이라고도 한다.

엑스트라 피리어드(extra peirod) 연장 시간. 후반이 종료되었을 때 양 팀이 동점인 경우에는 1회 5분(중학교는 3분)의 연장전을 필요한 횟수만큼 행한다.

오버 타임(over time) 제한 구역에 제한 시간 이상 머무는 바이얼레이션을 말함. 골 밑의 제한 구역에서 3초 이상, 스로인 때 5초 이상, 백 코트에서 프런트 코트로의 볼 이동이 10초 이상 걸렸을 때.

5초 룰(five second rule) 바이얼레이션의 하나. 공을 가진 선수가 상대의 디펜스를 만났을 경우, 5초간 패스, 드리블, 슛 등을 하지 못하고 볼을 그냥 가지고 있는 경우 바이얼레이션이 된다. 이 경우는 상대 팀의 스로인이 된다. 그 외에 스로인이나 프리 스로도 5초 이내에 해야 한다.

오프 더 볼 파울(off the ball foul) 볼을 갖고 있지 않은 플레이어가 범하는 푸싱, 블로킹, 홀딩 등의 파울.

오피셜(officials) 농구에서는 심판원이나 기록계, 심판 보조원 등을 말함.

오피셜 테이블(official table) 공식 경기의 기록, 시계, 기타 심판을 보조하기 위한 테이블이나 자리.

올 멤버 체인지(all member change) 한 팀의 출전 멤버 5명의 전원 선수 교대. 또 양 팀 10명 전원의 교체도 가능하다.

올 코트 프레스(all court press) 상대 팀에게 압력을 가하기 위하여 코트 전체에서 펼치는 디펜스.

원 맨 대시(one man dash) 자기편이 디펜스 리바운드를 하게 될 것을 예측하여 한 사람이 골의 방향으로 미리 달려가 롱 패스에 의해 득점하는 속공의 하나.

원 온 원(one on one) 1대1 공방을 말함.

원핸드 슛(one hand shoot) 한 손 슛을 말하며, 기본은 양쪽 발에 고르게 체중을 싣고 손바닥에 볼을 올려놓고 팔을 뻗으면서 손목이나 손가락 끝의 스냅으로 컨트롤하여 던진다.

위크 사이드 존(weak side zone) 상대적으로 수비나 공격이 약한 지역. 스트롱 사이드의 오펜스 플레이어에 대해서는 맨 투 맨 디펜스가 좋으나 위크 사이드의 오펜스 플레이어에서는 존 디펜스가 적당하다.

인터셉트(intercept) 상대편 팀의 볼을 패스 도중에 빼앗는 플레이.

인터피어(interfere) 방해한다는 의미인데, 바스켓 인터피어는 필드 스로의 볼이 링보다 위에 있는 동안에는 어느 플레이어도 볼에 닿아서는 안 되도록 되어 있다.

인텐셔널 파울(intentional foul) 고의로 하는 퍼스널 파울로 실격이나 퇴장의 반칙이 주어진다.

일리걸 드리블(illegal dribble) 더블 드리블이나 트레블링 등의 부정한 드리블을 말한다.

일리걸 포지션(illegal position) 올바르지 않은 위치나 자세. 특히 블로킹의 경우에 사용된다.

자

저글(juggle) 볼 취급이 불안정한 상태를 말한다. 잘못 다루어 플로어에 떨어뜨렸을 때는 펌블이라 한다.
점프(jump ball) 헬드 볼 다음의 경기 재개 방법.
점프 볼 디펜스(jump ball defense) 점프 볼 때의 세팅, 포지션을 말하며, 다이아몬드, 박스, 1 앤드 3, Y자형 등이 있다.
점프 슛(jump shoot) 바닥이나 코트에서 뛰어올라 행하는 슛.
점프 훅 슛(jump hook shoot) 뛰어오르면서 하는 훅 슛.
존 디펜스(zone defense) 5명의 플레이어가 각자 분담한 지역을 지키면서 서로의 연락으로 방어망을 만드는 팀 디펜스. 주요 진형으로서는 2-3, 3-2, 1-2-2, 2-1-2, 1-3-1 등이 있다. 또 노멀 존 디펜스와 존 프레스 디펜스로도 나누어진다.
존 오펜스(zone offense) 존 디펜스에 대한 공격법으로, 스텝 인이나 스텝 아웃이 효과적이다.
존 프레스(zone press) 존을 기반으로 한 프레스 디펜스.

차

차지드 타임 아웃(charged time out) 경기의 전반과 후반에 각각 2회씩 가질 수 있는 1분간의 작전 시간. 연장시에는 1회씩 요청할 수 있다.
차징(charging) 퍼스널 파울의 일종으로 공격측이 상대편에게 접촉하는 반칙 플레이.
체스트 슛(chest shoot) 두 손으로 든 볼을 가슴 위치로 올려서, 벌린 양발의 반동을 이용하여 하는 롱 슛.
체스트 패스(chest pass) 양손으로 볼을 쥐고 가슴 위치에서 보내는 패스.
체이서(chaser) 존 디펜스 측의 제1선 플레이를 말함. 상대편 팀의 패스 리듬을 혼란시키기 위해 볼을 쫓아가 프레스를 거는 것.

체인지 오브 페이스(change of pace) 공격측이 공격 리듬을 바꾸는 것. 또 러닝이나 드리블의 속도 변화.
체인징 디펜스(changing defense) 몇 종류의 디펜스를 잇달아 바꾸어 하는 것.
체킹 디펜스(checking defense) 오펜스의 플레이를 예상하여 가까운 거리에서 확실하게 대응하는 방어법. 체크 업이라고도 한다.

카

커뮤니케이션(communication) 감독, 코치, 선수 상호간의 연락이나 연계 협력하는 일.
커튼 플레이(curtain play) 복수(複數)의 스크리너가 커튼 모양으로 나열하여 하는 스크린 플레이.
컷 어웨이 플레이(cut away play) 스크린 플레이에서 볼을 갖고 있는 플레이어에게 디펜스가 블록해 오면 스크리너는 컷인하여 볼을 받는 태세를 갖추는 플레이.
컷인(cut in) 디펜스 라인을 돌파하여 디펜스 안쪽으로 들어가는 것.
콤비네이션 디펜스(combination defense) 공격측의 움직임에 대응하여 존과 맨 투 맨을 병용하는 디펜스.
크로스 보디 슛(cross body shoot) 러닝 슛을 할 때 앞에 있는 가드의 방어가 삼엄하여 방향 전환을 한 다음 골을 등지고 하는 백 슛.
크로스오버 드리블(crossover dribble) 디펜스를 당했을 때 자기의 양 발 사이로 바운드시켜 방향전환을 하는 드리블.
크로스오버 레이업(crossover lay-up) 링 앞을 비스듬히 가로질러서 하는 레이업 슛.
크로스오버 무브(crossover move) 디펜스 앞을 크로스 스텝으로 크게 가로질러 돌파하는 동작.
크로스 페이스 패스(cross face pass) 크로스 보디 패스의 리시브 포인트와 패스 포인트가 어깨보다 위로 올라가는 경우를 말함.

크로싱 더 게이트(crossing the gate) 두 사람의 디펜스 사이를 뚫고 들어가려는 상대편을 두 사람이 문을 닫듯이 하여 방해하는 팀 디펜스의 기본.

킥 볼(kick ball) 볼을 발로 차는 바이얼레이션의 하나. 그러나 고의로 했을 때는 무거운 벌칙을 내리는 경우가 있다.

타

택틱스 오브 디펜스(tactics of defense) 디펜스의 전술. 맨 투 맨에서 존 디펜스나 프레스 올 코트 디펜스, 하프 코트 디펜스 같은 변화가 있다.

턴 오버(turn over) 공격측의 볼이 플레이 미스로 상대편 팀으로 넘어가는 것.

테크니컬 파울(technical foul) 코치, 어시스턴트 코치, 교체 선수에 의한 파울이나 플레이어의 몸에 닿지 않은 파울은 모두 테크니컬 파울이다. 규율과 협력과 페어플레이 정신에 바탕을 둔 행동에 위배되었을 때나 반복해서 범했을 때 적용된다.

트랜지션(transition) 오펜스에서 디펜스, 디펜스에서 오펜스로의 전환.

트랩(trap) 구멍, 함정, 책략이란 뜻으로 디펜스 포메이션의 일종. 최근에는 드리블 기술의 향상으로 리버스 턴에 대하여 두 사람이 디펜스하는 경향이 있는데, 필연적으로 오펜스 한 사람이 프리가 된다. 그 플레이어한테 패스되는 볼을 노려서 잡으려고 하는 것.

트레블링(traveling) 볼을 갖고 있는 플레이어가 3보 이상 스텝하는 바이얼레이션의 하나. 캐링 더 볼과 동의어.

트레일 턴 어라운드 플레이(trail turn around play) 아웃사이드 스크린에서 바깥쪽에 있는 스크리너는 볼을 향하여 달려가서 볼을 받아서 공격하는 스크리너즈 플레이.

트레일 플레이(trail play) 골 가까이 있는 자기편에게 패스하고 그대로 달려가서 다시 받는 플레이로, 볼을 받아 공격하는 스크린 플레이의 일종.
트리플 스크린(triple screen) 세 사람이 스크리너가 되는 스크린 플레이. 커튼 플레이라고도 한다.
트리핑(tripping) 발로 상대편에 접촉하여 방해하는 퍼스널 파울.
팁오프(tip-off) 리바운드 볼을 처리하는 방법 중의 하나로, 볼을 리바운더가 밀집해 있는 곳에서 손으로 튕겨 내오는 플레이.
팁인(tip-in) 손끝으로 볼을 튕겨서 골에 넣는 것. 탭인과 동의어.
팁인 슛(tip-in shoot) 보통 리바운드 때 많이 사용하며, 볼이 링이나 백 보드에서 떠난 순간, 볼을 바스켓 쪽으로 가볍게 치는 슛. 그러나 루즈 패스 때 하기도 한다.

파

파워 드리블(power dribble) 파워 레인에서 사용되는 바운드가 높고 강한 드리블로 슛할 때 흔히 사용된다. 그 슛을 power lay-up이라 한다.
파워 레인(power lane) 3초 룰의 제한 구역이나 그 주위를 포함한 골 밑 지역.
파울(foul) 반칙에는 상대편 몸에 닿았을 때 룰을 위반한 퍼스널 파울과 스포츠맨답지 않은 행위로 인한 테크니컬 파울이 있다.
파이브 맨 패스트 브레이크(five man fast break) 속공 중에서도 특히 공격측 5명 전원이 각자의 역할을 가지고 스피디하게 공격하는 것.
파이브 플레이어스 파울(five players foul) 플레이어가 5회 개인 파울을 범하면 그 이후 더 이상 그 경기에 참가할 수 없다.
파이트 오버 더 스크린(fight over the screen) 스크린 플레이에 대하여 볼을 갖고 있는 플레이어와 스크리너 사이를 빠져나가는 디펜스 방법.
패스트 브레이크(fast break) 상대편이 디펜스를 정비할 여유를 주지 않고 우세한 인원수로 스피디하게 공격하여 노 마크 슛이 가능한 속공을 말함.
패싱(passing) 자기편 플레이어에게 볼을 보내는 것. 또는 빠져나가는 것.

패싱 다운(passing down) 자기가 볼을 넣을 바스켓 쪽으로 달려가면서 패스하는 것.

퍼스널 파울(personal foul) 양 팀의 플레이어가 몸이 부딪치는 반칙으로 주로 홀딩, 푸싱, 차징, 해킹, 블로킹, 트리핑 등이 있다.

페이스 가딩(face garding) 오펜스의 움직임이나 볼의 위치에 상관없이 디펜스하는 상대편과 대면하여 밀착 방어하는 수비.

페이크 드라이브 앤드 슛(fake drive and shoot) 슛하기 전에 다른 동작을 하여 수비수를 속인 다음 여유있게 슛하는 것.

페이크 슛 패스(fake shoot pass) 슛하는 자세로 수비수를 속인 다음 여유있는 자세로 자기편에게 신속하게 패스하는 것.

페이크 스텝(fake step) 상대편을 속이는 스텝.

페이크 앤드 페인트(fake and feint) 보통은 오펜스가 사용하는 테크닉으로, 동작이나 볼로 상대편을 현혹시키는 플레이. 특히 발의 경우는 갖가지 테크닉을 복합해서 사용한다.

페인트(feint) 상대편을 속이기 위한 동작인데 페이크라고도 한다. 사람에 따라서는 상반신을 사용하는 것을 페인트, 하반신(특히 발)을 사용하는 것을 페이크라고 구분해서 쓴다.

포메이션 플레이(formation play) 약속되어 있는 연계 플레이에 의한 전법. 각 팀이 가지고 있는 독자적인 플레이.

포스트(post) 골에서 가까운 쪽부터 로 포스트, 미들 포스트, 하이 포스트라 하며 포스트 맨으로는 팀 중에서 주로 키가 큰 사람이 된다.

포스트 맨(post man) 포스트에서 센터 플레이를 하는 선수를 말한다.

포스트 플레이(post play) 골 앞에 있는 포스트 맨에게 볼을 주어 슛을 시키거나 컷인해 온 자기편에게 패스해 주어 슛을 시키는 플레이.

포워드(forward) 오펜스 때 골 가까이 위치하여 적극적으로 공격하여 득점을 목적으로 한 플레이어.

폴로(follow) 시합 중에 코치 등이 '폴로!'라고 어드바이스로 보내기도 하는데 이것은 '나머지 시간까지 힘내라!' 라는 의미가 있다. 슛한 다음에는 리바운드를 시키고 속공 때는 앞에 달려가는 플레이어의 공격 라인을 바짝 따라가는 것.

폴로 업(follow up) 링이나 백 보드에서 튕겨나온 볼을 점프해서 잡는 것.

푸시 슛(push shoot) 머리 위나 어깨 위의 위치에서 손목이나 손끝의 스냅을 사용하지 않고 팔꿈치를 펴는 동작만으로 들어올리는 슛.

푸시 패스(push pass) 볼에 스핀을 걸지 않고 밀어내는 듯한 패스.

푸싱(pushing) 몸 전체나 일부로 상대편을 미는 퍼스널 파울의 하나. 보통은 디펜스가 오펜스를 밀었을 때.

풀 코트 프레스(full court press) 공격적인 디펜스로 상대편이 리바운드나 인터셉트로 볼을 잡았을 때 격렬하게 프레스한다. 또한 아웃 오브 바운즈에서의 스로인에도 적극적으로 프레스 디펜스한다.

프런트 코트(front court) 자신이 공격하는 상대 진영의 코트. 센터 라인은 포함하지 않는다.

프런트 피벗(front pivot) 피벗 풋을 축으로 하여 기본 스탠스에서 앞쪽으로 몸을 회전시키는 테크닉으로 프런트 턴과 동의어.

프레스 디펜스(press defense) 오펜스에게 접촉해서 격렬한 압력으로 움직임을 멈추게 하는 디펜스.

프리 스로 레인(free throw lane) 프리 스로를 할 때 플레이어가 들어갈 수 없는 지역.

프리 오펜스(free offense) 공격측의 각 플레이어가 진행 방향이나 다음 플레이를 자유롭게 선택하여 하는 공격.

프리즈(freeze) 동결한다는 의미에서 이기고 있는 팀이 득점차를 유지하기 위하여 확실한 슛 이외에는 패스나 드리블로 볼을 갖고 시간을 끄는 플레이. 현행 국제 룰이나 미국의 프로 룰에서는 이것이 금지되어 있다. 스토어(store)라고도 한다.

플래시 포스트(flash post) 하이 포스트보다 골에서 먼 위치로 코트의 중앙 부분.
플로팅(floating) 디펜스하고 있는 상대편에게 떨어져, 오펜스가 노리고 있는 공격 포인트를 중점적으로 지키는 것.
플립 패스(flip pass) 손목을 사용하여 손가락으로 볼을 살짝 튀겨 패스하는 것을 말한다.
피벗(pivot) 축이 되는 발은 바닥에 붙인 채 다른 발을 떼어 몸의 방향을 바꾸는 것. 앞으로 회전하는 것은 프런트 턴이라 하고 뒤쪽으로 회전하는 것을 백 턴이라 한다.
피크 오프 플레이(pick of play) 인사이드 스크린한 다음에 골 방향으로 움직이는 플레이.
픽오프 플레이(pick-off play) 2대 2에서의 인사이드 스크린.
핀치 플레이(pinch play) 볼을 갖고 있는 플레이어를 두 사람이 포위하여 디펜스하는 플레이.
필드 골(field goal) 프리 스로에 의한 득점 이외의 점수이며, 2점, 3점(3점 슛)이 있다.
필드 스로(field throw) 흔히 말하는 슛. 프리 스로 이외의 슛.

하

하이 포스트(high post) 골 정면에서 프리 스로 라인을 포함한 먼 위치의 포스트 포지션.
하프 스핀 오브 더 드리블(half spin of the dribble) 드리블하면서 180도 전후의 백 턴을 하여 페이킹하는 플레이.
하프 코트 프레스(half court press) 센터 라인 부근에서부터 하는 프레스 디펜스.
하프 타임(half time) 전반(1st period)과 후반(2nd period) 사이의 휴식 시간.
해빗 리플렉스(habit reflex) 디펜스에서의 중요한 습관적 반사를 말함.
해킹(hacking) '자르다'는 뜻이 있으며 상대편의 손이나 가슴이나 다른 부분을 때리는 반칙.
핸드 시그널(hand signal) 코치나 감독이나 플레이어 리더가 손가락이나 손으로 팀에게 보내는 수신호.
핸들링(handling) 공을 가지는 방법이나 다루는 방법. 손에 의한 공 조작 기술.
핸드오프 패스(hand-off pass) 볼을 넘길 때 두 사람의 손이 동시에 닿는 패스.
핸즈 업(hands up) 리바운드할 때 스크린 아웃의 기본이며, 양손을 들어서 하는 디펜스 테크닉.
허리 백(hurry back) 재빨리 백 코트로 돌아가서 디펜스 태세를 갖추는 것.
헬드 볼(held ball) 양 팀의 플레이어가 서로 볼을 가지고 있어서 경기를 지속할 수 없는 상태를 말함. 이때는 레퍼리가 '헬드 볼'을 선언하여 가장 가까운 서클에서 점프 볼로 플레이를 재개한다.
홀딩(holding) 상대편을 잡거나, 손을 누르거나 하는 퍼스널 파울의 일종.
후프(hoop) 바스켓을 말하며, 링이 고리 모양으로 된 데서 연유되었다.

파이팅 기초 농구 마스터

편저자 · 笠 原 成 元
　　　　스포츠서적편집실
발행자 · 남　용
발행소 · 일신서적출판사
주　소 · 121-110 서울 마포구 신수동 177-3
등　록 · 1969.9.12. No.10-17
전　화 · 703-3006~8　　FAX · 703-3008

ⓒ ILSIN PUBLISHING Co. 1995.

값 10,000원